财政部规划教材

中央财经大学“双一流”建设精品教材

财经数学建模简明教程

林 木 编著

U0823561

中国财经出版传媒集团
中国财政经济出版社

图书在版编目（CIP）数据

财经数学建模简明教程 / 林木编著. -- 北京：中国财政经济出版社，2022.3

财政部规划教材　中央财经大学“双一流”建设精品教材

ISBN 978 - 7 - 5223 - 1173 - 9

Ⅰ.①财…　Ⅱ.①林…　Ⅲ.①经济数学－高等学校－教材　Ⅳ.①F224.0

中国版本图书馆 CIP 数据核字（2022）第 020957 号

责任编辑：孙　琛　贺靖轩　　　　责任印制：党　辉

封面设计：育林华夏　　　　　　　责任校对：徐艳丽

财经数学建模简明教程

CAIJING SHUXUE JIANMO JIANMING JIAOCHENG

中国财政经济出版社 出版

URL：http：//www. cfeph. cn

E－mail：cfeph@ cfeph. cn

社址：北京市海淀区阜成路甲 28 号　邮政编码：100142

营销中心电话：010－88191522

天猫网店：中国财政经济出版社旗舰店

网址：https：//zgczjjcbs. tmall. com

北京中兴印刷有限公司印刷　各地新华书店经销

成品尺寸：185mm×260mm　16 开　13.5 印张　262 000 字

2022 年 6 月第 1 版　2022 年 6 月北京第 1 次印刷

定价：60.00 元

ISBN 978－7－5223－1173－9

（图书出现印装问题，本社负责调换，电话：010－88190548）

本社质量投诉电话：010－88190744

打击盗版举报热线：010－88191661　QQ：2242791300

前言 Foreword

数学模型与数学实验是本科阶段重要的实用数学类课程，通过构建和分析实际问题中的数学模型，引导学生将所学数学知识用于解决实际问题，并在这一过程中加深对数学知识的理解。

数学建模是现代科学中多学科普适的科研方法，不仅在传统的理工类学科，在经济、金融等社会科学领域也具有广泛应用。学习和掌握常见建模方法，是财经专业学生进一步学习高级宏观、微观、计量经济学等现代经济金融知识的必备基础。

由于数学建模课程兴起于理工科院校，大部分建模教材在所选取实际问题的背景以及涉及的数学理论基础等方面，与现行人文社科专业的培养方案有一定的差异。本书结合作者面向中央财经大学本科生开设数学专业必修课和全校通识课的经验，尝试将传统数学建模教材社科化，使之更符合相关专业学生的学习需求。

本书主要有以下几点创新：

一、以财经专业学生的数学课程设置为标准，调整了相关建模理论的难度、重点和教学顺序，例如弱化了偏微分方程、图论、泛函分析等相关理论和模型，并在博弈论、随机过程、时间序列分析、微分方程定性理论、差分方程等章节添加一些经典经济金融模型，充分发挥横向学科的优势帮助学生融会贯通地理解相关问题。

二、贴近财经专业需求，调整和设计实验环节。例如专门增加了 WIND 等财经数据库的使用方法，强调利用真实数据建模以符合行业习惯。部分实验要求学生评估市场上真实存在的新兴理财产品的收益、分析部分游戏设计的数值原理从而提出防沉迷机制、在模拟实验中感受股市的群体博弈氛围等。为学生进一步深入学习数理经济与数理金融打下良好基础。

三、针对网络时代学生的学习特点，将建模理论与实验紧密结合，引导学生开展实验式学习。数学模型包罗万象，与其尝试把所有细节都解释清楚，不如在强调重点的同时，给学生留出更多探索的空间，也符合数学建模抓大放小的基本理念。因此本书尝试精简教材内容，以问题驱动的方式，要求学生借助网络搜索和团队讨论，自行补足留白，在实验中加深对问题的理解。

本书分为模型与实验两部分，各14章，内容基本同步，每章对应2课时。模型部分的1—4章介绍了数学建模的基本理念，并着重强调了社会科学建模的一些特殊特点；5—6章介绍了微分方程模型及基本动力学分析方法；7—9章介绍了运筹学中规划论、决策论和博弈论的常见模型；10—14章介绍了概率统计的一些常见模型，包括初等概率模型、简单的随机过程模型、常见多元统计模型和时间序列分析模型等。

实验部分以数学建模论文的撰写为线索展开。其中，15—16章作为预备知识介绍了数学专业排版软件LaTeX的使用方法，以及信息检索、文献检索与文献综述的方法；17—25章结合插值拟合理论、HILL2密码编译方法、相图与分岔图的绘制方法、群体博弈策略设计等实验内容，学习和熟悉MATLAB使用；26—28章分别针对仿真模拟、机理分析、统计分析三大类模型开展实验，在实验中体会模型构建、模型分析、数据采集和处理等建模全过程，并最终学习撰写完整的数学建模论文。

本书在编写过程中得到了多方面的支持和帮助。书的出版得到中央财经大学统计与数学学院的资助，宋斌、井帅、张少钦和课程组的多位老师对教材相关内容进行了修正，战其忻等同学帮助编写和调试了部分章节的程序代码，中国财政经济出版社编辑同志对本书的出版付出了辛勤劳动，在此一并感谢。

本书适合作为应用数学、数理经济和数理金融等财经相关专业，以及其他社会科学专业的高年级本科生和研究生教材，也可以用作其他社会科学量化研究的参考书。由于作者水平有限，书中错误和不当之处在所难免，敬请各位专家学者和读者批评指正。

林木

2022年4月

目录

Contents

上篇：模型篇

下篇：实验篇

上篇

模型篇

第 1 章　数学建模导论

【学习目标与要求】

1. 了解数学建模的一般过程；
2. 理解数学建模的基本原则；
3. 理解模型与本体的联系与区别.

1.1　数学建模的一般概念

恩格斯认为，“任何一门科学的真正完善在于数学工具的广泛应用”. 21 世纪，数学不再只是自然科学的基础工具，也越来越多地被用于解决社会科学问题. 数学建模在这一过程中逐步发展和成熟，成为现代数学的重要分支. 数学建模也成为现代科学中一种重要的具有普适意义的方法论.

“数学模型” 的范围非常广，正所谓万物皆数，从小学时代的数学应用题，到诺贝尔物理学经济学奖，都离不开 “模型”. **模型**通常指人们为某种特定目的所构建的某一本体的替代品，模型与本体在形态、结构、性质等方面有较大的相似性，是本体在某个角度上的仿真，但并非本体的简单复制.

模型既可以是实体的，例如医学和建筑学中常见的模型；也可以是虚拟的，例如动漫、游戏中经常出现的对各种现实事物的仿真. 而**数学模型**可以看成是更为抽象的一种模型，即用数学语言对实际问题构建的“模型”.

一般认为，数学语言具有精练、量化、系统化、逻辑化等特点. 构建数学模型，便于对研究对象展开机理分析和量化分析，系统深入地挖掘对象的本质特征，提示其因果关系，并进行准确的定量预测. 同时，经济成本低、便于仿真模拟和调整修正也是数学模型作为理论模型的重要优势.

相应地，把工程和社会等其他领域问题概化成数学问题，通过求解数学问题在一定意义上解答原问题的研究过程，称为**数学建模**.

完整的数学建模一般应该包含模型建立（提出数学模型）、模型分析（分析数学模型）和模型验证（解决原始问题）三个部分. 本课程学习过程中需要特别重视“模型建立”和“模型验证”的过程，即如何将实际问题梳理概化为数学问题，以及如何用数学问题的结论反过来解答或诠释实际问题.

从教学目的来看，数学建模类课程主要回应学生在学习了十几年数学课后，相伴而生的“我为什么要学数学”的疑问，从而将已有的数学知识运用到实际问题中，并从“问题驱动”的角度促进其他理论数学课程的学习.

实际上，在人类文明发展进程中，也有诸多这类“相互促进”的例子. 即部分实际问题在迫于数学求解困难而简化模型的同时，可能催生新的数学理论，例如广义函数的提出；而有些抽象的数学理论在提出后，需要一段时间从不同领域的实际问题中寻找其潜在的应用，或者扩大原有的应用范围，例如 Itô 积分在金融学中的应用.

我们经常将数学模型比作沟通现实世界和数学世界的“桥梁”或“纽带”. 作为应用数学的代表性分支，数学建模既是现代多学科普遍适用的基本研究方法，也是大学数学理论课学习的重要补充，具有不可替代的作用. 数学建模课的研究对象和学习方法在数学各个分支中独树一帜，建议初学者认真体会，不要简单套用其他数学课程的学习方法.

1.2 数学模型的实用性

数学模型是典型的横向交叉学科，其评价标准较为多元化. 同样的模型，不同的知识背景和研究目的很可能带来完全不同的评价. 这里只能先给出一些较为共识的标准.

初学者可能会认为，在所有评价标准里，“像”是对于模型的基本要求. 但这也不尽然. 事实上，所有模型都是“赝品”. 如果一味追求“形似”，无疑会增大仿真成本，反而可能会失去对于问题本质的考量.

因此，比起是否真实，数学建模通常更强调“实用”“简单”这两条基本原则.

L1.（实用性）All models are wrong, but some are useful.

数学建模强调以解决实际问题为根本目标，这大致包含了两层意思：

其一，模型的存在是为了解决实际问题服务的，对解决问题没有帮助的模型不是好的模型. 有些学者主张数学建模应称为“实用数学”而非“应用数学”，从二者的字面差异也可以体会到数学建模的实用性.

建模要保持目标明确，防止过分纠结细枝末节. 虽然对于模型中的一些理论问题做扩展式的讨论，也可能会生发新的有价值的问题，但是在初学时，还是建议大家多关注原始问题本身. 一般不要用 1% 的时间从实际中提出一个数学理论问题，再用 99% 的时间去研究与原始问题基本无关的各种理论变形.

其二，为了能够解决实际问题，必要时甚至可以牺牲一定的严谨性，这也是数学建模与其他数学方法最大的区别. 但这种牺牲不能过度，模型必须匹配原问题的主要特征. 我们需要在“**严谨分析**”的基础上，做出“**重大妥协**”. 应该说，这两个步骤的任何一个都有相当的难度.

为此，我们需要深入理解原始目标问题，评析梳理其中的主次矛盾，做出必要的**模型假设**，从而将实际问题转化为数学问题.

模型假设是数学建模的灵魂，尤其对于社会科学领域的建模而言，“模型假设”是化主观的、未解决的现实问题为客观的、可求解的数学问题的关键所在，是整个数学建模过程最核心的环节.

无论学习、评判别人的模型，还是建立自己的模型，模型假设都是其中最需要关注的方面，是学习数学建模时毋庸置疑的重点. 我们将在下一章专门讨论，并在整门课程学习中深入理解.

例 1.1　每种食物 i 均含有不同的营养元素，如蛋白质 x_{i1}、氨基酸 x_{i2}、维生素 x_{i3} 等，记每种食物 i 对应的营养元素含量为向量 $x_i=(x_{i1},x_{i2},\cdots,x_{in})$. 某人想在数十种食物 $x_1,x_2,\cdots,x_m$ 中进行选择，以保证餐饮的合理营养搭配.

假定合理的营养搭配为 $y=(y_1,y_2,\cdots,y_n)$，营养配餐问题即确定系数 $\alpha_1,\alpha_2,\cdots,\alpha_m$，使得 $y=\alpha_1x_1+\alpha_2x_2+\cdots+\alpha_mx_m$.

在 m 足够大时，可以认为 $\alpha_1,\alpha_2,\cdots,\alpha_m$ 是存在的（而且一般不唯一）.

但有人认为，这样的选法过于复杂，注意到向量组 $\{x_i\}$ 必然存在极大线性无关组 $\tilde{x}_1$，

$\tilde{x}_2, \cdots, \tilde{x}_k, (k \leqslant m)$，而

$$x_i = \beta_{i1}\tilde{x}_1 + \beta_{i2}\tilde{x}_2 + \cdots + \beta_{ik}\tilde{x}_k, \quad \forall i = 1, 2, \cdots, m,$$

于是就可以将目标营养搭配表示为

$$y = \tilde{\alpha}_1\tilde{x}_1 + \tilde{\alpha}_2\tilde{x}_2 + \cdots + \tilde{\alpha}_k\tilde{x}_k.$$

即我们研究营养配餐问题，只需要先测量所有候选食物包含的营养元素含量，再在其中挑选出极大无关组，最后只在极大无关组中进行配餐即可，不需要考虑极大无关组以外的食物.

从实用性的角度来看，这个建模思路是否合理?

实际上，该模型如果想要成立，需要引入一系列的假设，例如，食物种类的有限性、营养元素种类的有限性、人体可摄入食物数量无限、不同食物在体内独立吸收、营养元素可以测量等，这些都明显与现实不一致，但如果只是初步的模型，我们一般还是可以接受这些假设的.

但该模型还隐含了一个重要假设，就是在一般的线性代数理论中，线性组合的系数可以为负值. 但代入本问题的实际含义，这一条是明显反常识的，也是该模型**无实用意义**的关键. 类似地，在讨论证券交易时常引入“允许卖空”的假设，很大程度上也是基于这样的考虑，否则线性代数的很多结论将无法直接使用.

1.3 数学模型的简单性

与实用性相伴而生的另一个常见原则，是数学建模中的“从简性原则”.

L2.（简单性）The best models are the simplest.

建模的目的是解决实际问题，不是为了给数学方法找应用背景，更不是为了炫耀数学技巧. 强行套用别人看不懂、自己也未必真懂的数学方法解答实际问题的思路是不可取的.

在学习数学建模时一定要重视其“方法论”的意义，即：通过数学模型解决实际问题，只是众多解决方法中的一种，既不是唯一的，也未必是“最优”的. 在学习了一个数学模型之后，不妨考虑一下这个问题还有没有非数学方法解决，数学方法的优势和劣势分别在哪里，不要为了建模而建模.

网上一则经典笑话也蕴含了同样的观点：某火柴盒生产线机器老化，导致经常有未装

火柴的空盒到达流水线出口. 为此企业聘请某名校博士，耗费数百万元，重新设计了一套新的机械设备，但在使用几个月后重新出现了问题. 此时一位学历不高的老员工建议，在生产线出口安置几台电风扇，由于空盒质量较轻，会被风扇吹走，从而圆满解决了残次品问题.

“从简性”原则作为指导思想在建模过程中的具体体现为：在认真评析问题的主次矛盾后，通过适当的模型假设将问题化繁为简. 例如，将非线性问题简化为线性问题，将高维问题简化为低维问题，将随机问题简化为确定性问题，将高等数学问题简化为初等数学问题，将不会求解的数学问题简化为已掌握的数学问题等. 这同样可以看作是模型假设的技巧.

最后，我们也略有遗憾地指出，很多情境下人们喜欢将“高端”与“复杂”视为近义词，过于简单的数学模型在很多场合难以被认可. 这与不同人眼中的主次矛盾不同也有关系. 学习如何查阅必要的文献，“站在前人的肩膀上”建模，也是本课程重要的内容.

总之，数学建模的评价标准较为复杂，既有一般性的原则，又有难以书面表达的“圈规”，需要通过口耳相授和亲身实践相结合的方式加以体会. 更建议初学者首先抱着学习的心态多阅读体会前人的经典模型，同时加强数学知识的积累，在此基础上再逐步练习改进和提出自己的模型，而非不学无术、异想天开式地闭门造车.

1.4　横向科学的特殊魅力

数学模型是多学科普适的研究方法，但由于不同学科对问题的关注点不同，习惯性的建模思路也不尽相同，同一实际问题可能有多种数学方法建模，同一数学模型也可以对应多个差异很大的背景问题. 这正是数学建模作为横向交叉学科的特殊魅力所在. 大家可以先通过下面的练习，简单体会一下跨学科交叉的研究特色.

例 1.2　食饵—捕食者模型在经济金融问题中的应用

生物数学中的食饵—捕食者模型是著名的依靠数学模型改变人类对于世界认知的例子. 意大利生物学家 D'Ancona 从地中海捕鱼量中发现，第一次世界大战期间地中海渔业的捕捞量下降（食用鱼和鲨鱼同时捕捞），但是其中鲨鱼的比例却增加了. 战争虽然会影响捕鱼量，但没有理由解释鲨鱼比例的提高. 于是他求助于他的朋友著名的意大利数学家 Volterra，建立了如下经典的食饵—捕食者模型，成功解释了实际观察到的现象. 对于该模型的深入讨论我们将在常微分方程模型的部分详加介绍.

记食饵（食用鱼）和捕食者（鲨鱼）的数量分别为 x,y，则其满足的演化方程为

$$\begin{cases}\dot{x}(t)=x(r-ay)=rx-axy\\ \dot{y}(t)=y(-d+bx)=-dy+bxy.\end{cases}\tag{1-1}$$

其中，$\dot{x}$ 表示$\frac{\mathrm{d}x}{\mathrm{d}t}$，$r,a,d,b$ 均为正常数. 经过理论分析可知，从长期来看，食饵—捕食者系统会稳定到一个具有周期性的轨道，其平均值为 $\left(\frac{d}{b},\frac{r}{a}\right)$. 而人类捕鱼量的降低主要表现为 r 的增大和 d 的减小，即鲨鱼的比例增加.

这一模型被后续学者广泛引入各个不同学科中，用于刻画有类似行为的系统. 其中一个著名结论是，施加一种对害虫和益虫均有杀伤力的农药，在稳定后，会导致害虫的数量增加. 而抗癌药物对于健康的影响可以用类似的模型解读.

同样，该模型也被学者引入经济金融问题的研究中. 例如，可以用来刻画不同经济实体的竞争关系，或者描述不同机构和个体在证券市场的行为. 建议读者先自行思考一下该模型的应用，再在实验环节通过文献检索了解关于该模型更多的研究进展.

【练习 1.1】不同学科对时间序列的关注点差异

如果关注的变量随时间变化，我们称其为**时间序列**. 时间序列分析是重要的数理统计分支，对应的时间序列模型也是常用的一系列数学模型.

人类对于时间序列的研究，最早可以追溯到记录尼罗河的涨落上，在水文气象领域有着较长的历史. 而股票等现代金融工具的出现，引发了时间序列分析研究的新热潮. 现代医学技术的发展，让时间序列分析也广泛应用到心电图等人体特征序列分析中.

但是，同样是对于时间序列的分析，这些学科关注的角度却有较大的差异. 你能根据对这些学科的简单认知，谈谈它们各自研究的侧重点吗？例如，峰值、谷值、周期、频率、趋势？

时间序列 $X(t)$ 在任意时刻 t 都是随机变量，$X(t)\sim F_t(x)$. 一般来讲不同时刻 $X(t)$ 服从的分布未必相同，但根据从简原则，初步研究常考虑较为简单的情形，即**平稳时间序列**，满足下列要求：

（1）不同时刻的 $X(t)$ 服从相同的分布. 或者退一步，$X(t)$ 服从的分布的均值和方差均相同.

（2）对于任意时刻 t,s，$X(t)$ 与 $X(s)$ 的协方差只与 $t-s$ 有关，与 t 和 s 无关.

如果实际问题要求必须考察“非平稳序列”，不考虑数学理论分析的难度，只从实际问题出发，你认为不同领域分别会首先考虑放宽以上条件中的哪一点？为什么？

值得一提的是，尽管本科生对于本专业知识的学习还不够深入，但处在知识结构相对全面的阶段，在多学科交叉融合方面甚至可能有硕士、博士不可比拟的优势. 期待同学们在学习过程中充分发挥这一优势，创新性地提出自己对一些问题的理解.

最后明确一下本课程学习内容和要求：

1. 熟悉常见的数学模型. 这包括明确这些模型的背景、所选用的数学工具、数学推理过程、基本结论及典型结论在实际中的应用等.

2. 掌握常用的建模相关数学理论，除了微积分、线性代数、概率论等必要的先修基础课外，应着重关注常微分方程及其定性理论、运筹学和数理统计的一些基本理论.

3. 明确数学建模的一般流程，并学习撰写数学建模论文.

4. 能够结合数学软件，通过数学建模方法解决简单实际问题. 掌握至少一种数学建模常用软件，并简单了解数值计算和软件求解原理.

第 2 章　模型假设与主次矛盾

【学习目标与要求】

1. 理解模型假设在数学模型中的重要性；
2. 结合实例体会模型假设的构建方法；
3. 了解公理化建模的基本流程.

数学建模是搭建在主观现实世界和客观数学世界中的桥梁，既不能一味追求相似而忽略数学求解难度，也不能单纯追求数学简洁而无视原始问题. 因此可以说，比起知识，数学建模更像是技术；而与其看成技术，不如说是艺术.

其中最具技术性和艺术性的环节，就是所谓的模型假设. 正是模型假设将现实世界的主观的问题转化为数学世界的客观的问题. 但模型假设的主观性强，做法因人而异，也没有绝对的对错之分. 提出合理的模型假设是一项颇具技术含量的工作，需要长期积累.

本章我们先尝试探讨一下如何评析事物的主次矛盾，再通过一个具体例子体会常见的模型假设，了解模型假设的常见原则，最后介绍一种相对特殊的流程规范的建模方法.

2.1　评析主次矛盾

不同人眼中的主次矛盾不同，不同环境、不同时空尺度下的主次矛盾也不同. 如何评析事物的主要矛盾是复杂的话题，很难用几句话严格讨论，但落实到数学建模上，有两条基本原则可以作为初学者的提醒：

第一，一切以解决问题为目标，注意数学方法的适用性. 注意建模要解决的是实际问题，而非数学理论问题. 尤其对于社会科学问题而言，主观问题难以量化、样本少不足以支持统计方法等，都是常见技术难题，并不是什么样的问题都适合用数学方法解决，但数学方法有其独特的优势.

第二，适当注重“以人为本”的原则，关注问题提出者的需求. 不同人对同一情势有不同的诉求，从而产生不同的主次矛盾，很多社会问题不同人的立场和答案甚至是对立的，这也是社会科学的数学建模必须面对的问题.

例如，数学模型与普通数学课程在分析和评判问题时，其主次矛盾有时就有差异，请根据提示，思考以下问题.

【练习 2.1】蒲丰投针实验的变形

蒲丰投针实验是一种经典的利用随机模拟求无理数 π 近似值的方法，其步骤可以简述为：

(1) 在已知平面区域画出足够多条间距为 a 的平行线；

(2) 取长度为 $l(l<a)$ 的针，随机向该区域投掷 n 次，将针与某条直线相交的次数记为 m；

(3) 可以证明，针与直线相交的概率 $p=\dfrac{2l}{\pi a}$，故利用 $\dfrac{m}{n}$ 近似替代 p，即可近似求出 π 的值.

也有人提出一种更为“简洁”的替代方法，即取一个均匀的正方形，并做其内切圆，易见二者的面积比为 $4:\pi$. 而后向该正方形均匀投点，通过点落在圆中的次数与方形中的次数之比，可进一步推算出 π 的值.

请思考，如果仅从几何概型的角度考虑，这个替代方法是不是正确的？那为什么蒲丰设计投针实验时不选择这种更容易理解的方式呢？

例 2.1　敏感性问题的随机作答式调研方法（或称 RRT 方法，Random Response Technique）

敏感性问题，指私人财产、犯罪倾向、情感经历、对他人的真实评价等通常难以对他人如实说明的话题. 在进行敏感性问题调研时，简单问询势必引发被调研者的排斥导致无法得到真实结果. 心理学家陆续提出了一些心理学方法，例如构建相对轻松舒适的调研环境、通过非敏感问题逐步过渡等，但这些方法都难以绝对奏效.

20世纪60年代，数学家Warner等人首次提出随机作答式调研方法，该方法的基本思想是，只关注对整体的分析而放弃对个体的考察，利用数学上的全概率公式反推出要调研的概率. 由于其基本思想简单，该方法很快作为全概率公式的应用写入了大学甚至中学数学课教材. 以这类方法中的“无关问题法”为例，其基本步骤可以描述如下：

假定调研的原始问题是，学生是否在考试中作过弊. 首先要求某个被调研的学生在预先准备好的一堆红球和白球中随机摸出一个，摸到红球则回答问题A，摸到白球则回答问题B，两个问题分别为：

A：你的生日月份是否为偶数？

B：你是否在上学期的期末考试中作过弊？

要求被调研者一律只以“是”和“否”进行作答. 因此该方案最后得到的是作答“是”和“否”的比例，而不知道每个个体回答的是哪一个问题. 假定在调研开始就可以向被调研者解释清楚整个调研过程.

此时，由于白球的比例是预先给定的，设为k，由全概率公式，

$$(1-k)q+kp=w.$$

其中，q是选择问题A的人作答“是”的概率，p是选择问题B的人作答“是”的概率（也就是调研目标），w是所有被调查对象回答“是”的概率. 根据大数定律，概率w可以由调研得到的答“是”的比例代替，而概率q在调研者较多时可近似看作0.5（或根据人口调研得到的其他常数），因此，概率p是可求的.

以上方法看似精妙，也很快引起了心理学界的高度重视，但在二十年后，20世纪80年代开始，出现了一系列批判该方法的学术论文，核心观点是认为该方法空具数学理论意义，实际操作无效，是在玩“数学游戏”.

这里我们不过多介绍争论的细节，只提出一个思考问题：如果仅按照上文描述，为什么说这注定只是一个“数学游戏”，而不会对敏感性问题达到理想的调研效果？换言之，如果想使这个“模型”有效，需要做什么样的“假设”，而这个假设其实是很难实现的？

实际上，我们的主要目标是利用数学方法降低敏感性，从而提高被调研者如实作答的概率. 抛开被调研者的文化程度、抽签时随机性如何确认等问题，想使该方法有效，最重要的是整个调研过程不能出现明显的可能被质疑“信息泄露”的环节.

对于问题A，虽然生日月份对于整体是随机的，但显然对个体是固定的. 例如对奇数月出生的人，如果他的答案是“是”，则意味着他回答的是问题B，且有作弊行为. 因此这个问题A是建议更换的.

但同时注意到为求解p，需要问题A回答“是”和“否”的比例是已知的，因此问题A的选取又不能过于随意，类似于“你是否喜欢红色”之类的问题也是不可以的. 读者不

妨尝试提出一个科学有效的问题 A 来.

再来看问题 B. 随机作答式调研方法的基本思路是通过保护个体答案来促使调研对象如实作答. 这其中隐含的假设是"如果能够努力保护被调研者的答案，被调研者愿意如实作答的可能性会大幅增加".

而事实上，并非所有敏感性问题，都值得被调研者如此冒险. 因此 RRT 方法更多适用于"想答而不敢答"的情形，例如领导满意度测评等问题，而对于"是否作弊"这种问题，一般情况下并不会因为答案被适度保护而引起被调研者如实作答的兴趣，毕竟最保密的答案就是不作答.

以上分析表明，一个数学方法看似合理的模型，可能未必能解决原始问题的主要矛盾，模型是否有效还需要看它能否真的解决实际问题.

【练习 2.2】不同时间尺度下对"政策"的概化

在涉及人文因素的实际问题中，"政策"往往是不可回避的话题. 不同历史阶段、不同时间尺度和不同人文自然环境限制下，针对同一问题的政策可能会不同，甚至截然相反. 但对于特定国家或地区较短时间段内，政策具有相对稳定性.

以关于水资源利用与保护问题的建模为例，在较短时间尺度（如三五年内）、中等时间尺度（近百年）、长时间尺度（数千年）下，相关水资源利用"政策"在模型中分别占据了多重要的地位？何时适合将政策视为未知缘由的外在条件约束、何时适合将其视为系统内生的变量（即政策非他人主观决定，而是由该国家或地区的水资源水平等因素自然产生）？

结合微分方程课程及本书对应章节的学习，若利用常微分方程组建立该数学模型，"政策"影响在不同时间尺度下会以何种形式（变量、参数、分界条件）出现在数学模型中？

2.2　一个经典模型中的模型假设

下面通过一个经典模型体会一下不同的模型假设. 我们会发现这个模型离原始的择偶问题有较大差别，其模型假设要比之前提到的很多例子都更"强"，那为什么这个模型却是一个被共同认可的经典模型，其优势又在哪里呢？

例 2.2 波斯公主选驸马模型

某公主要在 n 位未曾谋面的男士中选择一位作为驸马，并假定公主在见面后可以明确地对这 n 位男士严格排序. 现在给出一种特定的筛选制度：让 n 位男士依次从公主面前走过，公主当即决定是否选择，任何一位男士一旦被拒绝则不会再出现，公主只要选择其中某位男士，其后未曾出现的男士也不会再出现. 问公主如何选到最心仪的驸马？

可以看出，该问题本身已经是现实择偶问题的某种近似. 而从数学建模的角度求解该问题仍需引入一些必要的假设进行推导，具体步骤如下：

1. 将问题参数化. 假定公主的选择策略是：先选取前 $k(0<k<n)$ 位男士作为参照集，这 k 位一律不选，而选择从第 $k+1$ 位男士开始、第一次出现的比之前所有男士都好的那一位；如果不存在这样一位，选择最后的第 n 位. 在这个策略的前提下，尝试以最大概率选到 n 人中最优的一位. 于是问题转化为了求解最优意义下的 k 值的问题.

2. 给出选到最优驸马的概率 P 关于 k 的函数关系. 对于给定的 k，最优的驸马人选位于 n 人中的任何位置 i 是等概率的，概率均为 $\frac{1}{n}$. 但如果 $i\leqslant k$，则没有选到最优的可能，如果 $i>k$，“选到最优”等价于前 $i-1$ 个人中的最优出现在前 k 个人里，该概率为 $\frac{k}{i-1}$. 综上，

$$P(k)=\sum_{i=k+1}^{n}\left(\frac{1}{n}\cdot\frac{k}{i-1}\right).$$

3. 利用微积分工具求解使 $P(k)$ 最大化的 k 值. 由于 $P(k)$ 是关于 k 的一元有限和，考虑令 $n\to\infty$，并用积分近似替代级数，即

$$P(x)\approx x\int_{x}^{1}\frac{1}{t}\mathrm{d}t=-x\ln x,$$

其中记 $x=\frac{k}{n}$. 对上式求导易得，导数为 0 对应的 x 值为 $\frac{1}{\mathrm{e}}\approx 37\%$.

该模型表明，对于 n 位追求者，先放弃其中的前 37%，选择之后出现的第一位比之前所有追求者均优秀的男士，即可以最大概率选到 n 位追求者中的最优人选. 这个结论是 e 这个无理数的重要实际应用之一，对于实际择偶也具有一定的启发意义. 但如果仔细考量，该模型与现实择偶问题有较大差距. 这里我们罗列出模型中一些明显属于模型假设的观点，请读者继续补充.

A1　公主对所有男士可以有明确的打分.

A2　公主预先已知总追求者数量 n.

A3　所有男士依次走过，必须当场决定，错过则不回头. 一旦选定某位驸马，之后的不会继续出现（这是本模型初始条件，但如果以“择偶”为标准衡量，也可将其视为模

型假设）.

A4　公主选择了一种特定的方式择偶，即拒绝前 k 位，在之后选择第一位比之前都好的. 在此策略下，可以求出最优 k 值，但并非一定要按此策略选择.

A5　公主最优化的目标是“以最大的可能性选到最优的一位”，这与现实中大部分人的择偶标准是不尽相同的，例如很多人优化目标为“保证选到的人的得分在期望意义下最大”. 实际上由于该问题与经理聘用秘书的情境很像，有时也称其为秘书问题，而根据优化目标的不同，分别称这两类问题为“第一秘书问题”和“第二秘书问题”. 更多不同的优化目标可以参见本书决策论部分的讨论.

A6　假定 n 位驸马的排序随机，且公主在选择全过程里打分标准一致.

A7　令 $n \to \infty$.

【练习 2.3】评析例 2.2 中的模型假设

请读者继续回答如下问题：

1. 在 A1—A7 的基础上，以择偶问题为基准，继续总结该模型中的模型假设. 特别注意，既不要遗漏假设，也不要随意夸大假设的范围，把一切条件都视为假设.

2. 分析这些模型假设各自的目的. 例如，消除不同人之间主观差异、便于定量分析、保证数学问题可求解、使得数学表达美观等.

3. 这些模型假设的程度如何，哪些是必要的，哪些可以放宽？试选择一条假设，对原模型进行改进.

4. 如果仅从“像”的角度评判，“第二秘书问题”显然比“第一秘书问题”（即本模型）更接近实际，为什么相对而言本模型感觉“更常见”？

5. 该模型被视为经典模型，并不是因为它完美刻画了择偶问题，更大的原因很可能是因为它形象地描述了一种在很多其他领域广泛出现的情境. 请尽量开放思维，尤其在自然科学范畴内，思考什么领域的问题其实本质上与这个择偶问题是一致的？

模型假设是将实际问题转化为数学问题的关键，前两节的例子中我们见到了几种不好的模型假设，有的是实际含义几乎不可被接受的，有的是空具数学理论意义实际无效的，也有一些模型假设并没什么明显错误但没有建模必要. 可以看到，假设以及模型是否合理，并不完全取决于它与现实的仿真程度. 如何做好模型假设需要长期的实践积累.

2.3 公理化思想在数学建模中的应用

本章的最后，我们介绍一种特殊的建模方法——公理化建模，它可以在一定程度上将模型假设流程化、规范化，避免过多的主观因素的干扰.

公理化是现代数学的代表性思想，甚至一度被当作检验一门数学分支是否成熟完善的标识. 很多数学分支即使不能够严格建立纯粹的公理化理论体系，也倾向于尝试融入部分公理化思想.

简单地讲，公理化即首先承认较少的几条无需证明的“公理”，而后整套理论体系的其他结果均须通过这几条公理推理演绎得出. 公理需要具备相容性、独立性和完备性.

一般来讲，数学建模远比很多理论数学分支更难以实现公理化，但是解决某些特殊问题时，同样有过很多利用公理化思想进行建模的有益尝试. 这里仅举一例，用于读者简单体会公理化建模的思想.

例 2.3 用对数函数的形式刻画信息量

社会科学研究中有时需要量化分析一句话蕴含的信息量. 1948 年，信息学家 Shannon 提出了信息量的度量公式，并进一步引入信息熵等概念，成为现代信息学的重要基础. 数理统计中也有 Fisher 信息量等概念.

我们注意到，在这些刻画信息量的公式里，经常有一个对数函数的成分，这一点并不是偶然的. 下面我们通过公理化建模的方式，“证明”用一元函数度量信息量，其基本形式“必然”含有对数函数的成分. 由于能够严格进行公理化建模的问题并不多，我们只是通过这个例子体会它的基本过程，而不做详细解读.

公理 1 信息量是事件发生概率的连续函数.

公理 2 若事件 A 发生必有事件 B 发生，则得知事件 A 发生的信息量大于或等于得知事件 B 发生的信息量.

公理 3 若事件 A 和事件 B 的发生是相互独立的，则得知 A、B 事件同时发生的信息量为单独得知两事件发生的信息量之和.

证明 由公理 1 可设 $I(M)=f(p)$ 连续，由公理 3 知 $f(p_Ap_B)=f(p_A)+f(p_B)$ 对于任意的 p_A、p_B 均成立.

作变量替换：$p=a^q$，再令 $g(q)=f(p)=f(a^q)$，则 g 满足 $g(q_A+q_B)=g(q_A)+g(q_B)$.

根据数学分析知识可知，若连续函数满足 $g(x+y)=g(x)+g(y)$，则 $g(x)$ 是线性函数，从而可设 $g(q)=g(1)q=f(a)qf(p)=f(a)\log_a p$，此时 $f(a)$ 待定.

再考察公理 2，若 A 发生必有 B 发生，则 $P_A \leqslant P_B$，由公理 2，$f(p_A) \geqslant f(p_B)$，从而 f 单调非增.

由于 $f'(p)=\dfrac{f(a)}{p\ln a}$，知 $f(a)$ 与 $\ln a$ 异号，故可设 $I(M)=-C\log_a p$，其中 $a>1$，$C>0$. 证毕.

最常见的信息量的一种度量方式为 $I(M)=-\log_2 p$.

请读者仔细体会该模型建模过程中提到的几个公理及该模型推导过程，其中有没有不严谨的地方，若有，尝试将其修正.

严格的公理化建模较难实现，公理化建模的思路也较难应用，但从上例看出，数学建模尽管有很强的主观成分，但仍与数学思维有一致性，公理化建模始终是一种重要的建模方法.

最后，我们简单感受一下微观经济学中的效用函数理论. 效用是研究个人选择问题的常见概念，它刻画了每个人对事物的偏好，将其定量化研究是数理经济学的重要工作，该工作通常通过引入如下公理体系来完成.

例 2.4　偏好关系用符号 $\succeq$ 表示，对于选择集 X 中的元素 x 和 y，$x \succeq y$ 意味着“x 至少和 y 一样好”. 在大部分经济理论中，经济学家都假设个人偏好是理性的，于是可以引入以下公理：

公理 1 完备性：对于 X 中所有的 x 和 y，都有 $x \succeq y$，或者 $y \succeq x$，或者两者都成立.

公理 2 传递性：对于 X 中所有的 x,y 和 z，如果有 $x \succeq y$ 且 $y \succeq z$，则 $x \succeq z$.

在引入上述公理后，我们就可以定义效用函数的概念. 对于函数 $u:X \to R$，如果对于 X 中任意的两个元素 x 和 y，都有 $x \succeq y \Rightarrow u(x) \geqslant u(y)$，那么 u 就是代表偏好关系 $\succeq$ 的效用函数.

常见的效用函数有柯布—道格拉斯效用函数 $u(x,y)=x^{\alpha}y^{1-\alpha}$，里昂惕夫效用函数 $u(x,y)=\min\{x,y\}$，常替代弹性效用函数 $u(x,y)=(x^{\rho}+y^{\rho})^{\frac{1}{\rho}}$，双曲绝对风险厌恶型效用函数 $U=\dfrac{1-\gamma}{\gamma}\left(\dfrac{ax}{1-\gamma}+b\right)^{\gamma}$ 等.

可以证明，如果偏好关系可以被某个效用函数表示，那么该偏好关系一定满足完备性和传递性.

为了研究需要，通常会对个体偏好关系作出更多的假设，例如：

公理 3 连续性：对于 X 中的所有 x,y，$\{x \mid x \succeq y\}$ 和 $\{x \mid x \succeq y\}$ 都是闭集.

公理 4 严格单调性：对于 X 中的 x,y，如果有 $x \geqslant y$，则 $x \succeq y$.

公理 5 凸性：对于 X 中的 x,y 和 z，如果有 $x \succeq y$ 且 $x \succeq z$，那么 $tx+(1-t)y \succeq z$，其中 $t \in (0, 1)$.

在引入了以上公理后，经济学家们可以在更规范的数学框架下，从效用函数入手，研究个人选择问题. 例如，我们有下面定理存在：

定理 2.1 如果二元关系 $\succeq$ 是完备的、传递的、连续的以及严格单调的，那么存在一个表示该关系的连续实值函数 $u:\mathbb{R}_+^n \to \mathbb{R}$，且 $u(x)$ 是严格递增的当且仅当 $\succeq$ 是严格单调的；$u(x)$ 是拟凹的当且仅当 $\succeq$ 是凸的.

证明略，更多资料请参考高等微观经济学教材.

第 3 章　量纲分析与层次分析

【学习目标与要求】

1. 了解量纲分析法；
2. 掌握层次分析法的基本流程及其局限性；
3. 体会自然科学与社会科学建模方法的差异.

3.1　数学模型分类

数学模型有很多不同的分类方式，例如：

（一）根据模型背景问题，可以将模型分为物理学模型、生物学模型、经济学模型、社会学模型等.

（二）根据建模方式，可以将模型划分为机理模型、数据（统计分析）模型、（计算机）仿真模型等.

（三）根据模型所采用的数学工具，可以将模型分为分析学模型、代数学模型、运筹学模型、概率论模型等.

（四）解答型模型与诠释型模型. 二者分别对应于一般数学问题的“计算题”和“证明题”，即利用数学建模的思路“解答”和“解释”实际问题. 其中后者需要“带着假设解释道理”，相对来讲更为复杂，但在社会科学建模中会较为普遍，我们会在课程后期专门讨论．

（五）白箱模型、黑箱模型与灰箱模型．白箱模型指模型内在运作机理明确的模型，如物理学中的很多模型；黑箱模型指内在机理完全未知的模型，如统计学中的很多模型；灰箱模型指部分运作机理已知、但不完全明晰的模型．一般来讲，大部分经济社会问题都属于灰箱模型的范畴．这类模型在建立时既要遵循已知的客观规律，又要符合实测数据，建模过程较为复杂，需要认真学习和体会．

本章首先以物理学和社会学问题中的两种典型建模方法为例，感受不同领域的实际问题在数学建模方法上的差异．

3.2 量纲分析法

量纲分析法是源自物理学的一种常见的数学建模方法．由于本书侧重介绍财经等社会科学问题的建模方法，因此这里只简单以单摆的周期公式为例，介绍量纲分析法的一般流程，而不详细分析其原理．

从中学物理我们知道，单摆的周期公式是 $T=2\pi\sqrt{\frac{l}{g}}$，该公式可以从物理学实验中得到．但如果预先承认了物理量只有七个基本量纲，我们可以利用所谓的量纲分析法，通过对各个物理量量纲的比较，直接得到单摆周期公式的基本形式．

分析单摆周期问题的关联因素，可以认为单摆的周期 T（量纲为 s），可能与绳长 l（量纲 m）、小球质量 m（量纲 kg）、重力加速度 g（量纲 $m\cdot s^{-2}$）有关．可设 $T=cl^{\alpha}m^{\beta}g^{\gamma}$，由量纲比较可知：

$$\begin{cases}0=\alpha+\gamma\\0=\beta\\1=-2\gamma.\end{cases}$$

由此解得 $\alpha=\frac{1}{2}$，$\beta=0$，$\gamma=-\frac{1}{2}$，即 $T=c\sqrt{\frac{l}{g}}$，这就得到了周期公式的主要成分，再进一步通过简单的物理实验估计出常数 $c=2\pi$ 即可．

量纲分析法在处理一些问题时很有效，但也并非万能的．请思考：

1. 为什么我们要假定 $T=cl^{\alpha}m^{\beta}g^{\gamma}$?

2. 如果认为单摆周期与小球密度有关，对问题的求解有什么影响?

3. 如果认为单摆周期与最大摆幅有关，对问题的求解有什么影响?

3.3　层次分析法

层次分析法（Analytic Hierarchy Process，简记 AHP）由 T. L. Saaty 等人在 20 世纪 70 年代提出，主要用于对社会问题的综合评价. 它是最具代表性的社会科学建模方法之一，是一种定性与定量结合的综合评价方法，在建模思路上与量纲分析法等机理建模方法有着显著的区别. 我们将二者同时列出进行对比，从而帮助读者从整体上感受自然科学与社会科学建模风格上的差异.

例 3.1　以投资方案选择问题（称其为目标层）为例，这里给出了四种常见的投资方式（称为方案层）：银行存款、国债、股票、基金. 某人需要对这些投资方式进行综合评价（见图 3 - 1），假定他考量的影响因素（称为准则层）主要有：收益率、投资风险、资产流动性、持有期限、操作方式五种.

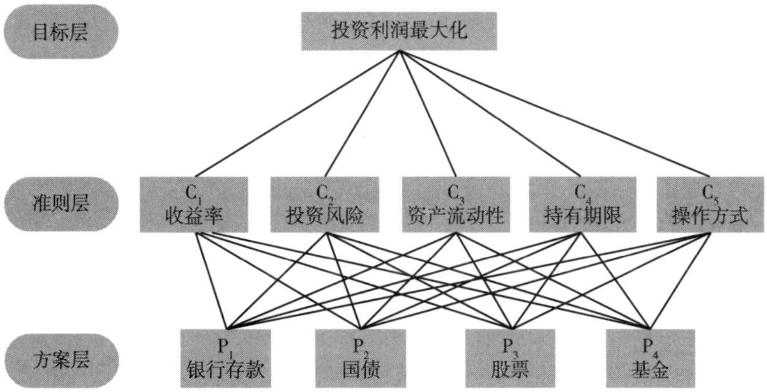

图 3 - 1　层次分析法示意图

这里假定从每种角度都可以对四种方案进行准确的量化评价，这样如果这五个角度之间的权重还能够确定下来，就可以严格得到对四种投资方案的量化评价了.

但一般认为，我们很难一下子给出多个准则层之间的权重，而层次分析法正是用来解决这一问题的. 其基本观点是，人们在考虑多个准则时，往往难以准确度量各准则之间的权重，但可以得到任意两个准则之间两两比较的权重，可以通过数学方法根据两两比较的权重计算出较为“客观”的多准则的权重.

具体来看，可以将五个准则层两两比较的结果写成一个矩阵的形式，称其为**成对比较矩阵**（或**正互反阵**），参见公式（3-1）. 其中第 i 行第 j 列的元素代表第 i 准则相对于第 j 准则的重要性. 很明显该矩阵每一个元素均大于0，且 $a_{ij}=\frac{1}{a_{ji}}$对于所有的 i,j 均成立. 由于涉及主观评价，心理学一般建议该矩阵的每一个元素为1~9之间的自然数及其倒数.

例如，某人用成对比较法得到的成对比较矩阵为

$$A=\begin{bmatrix} 1 & 2 & 4 & 3 & 3 \\ \frac{1}{2} & 1 & 6 & 4 & 5 \\ \frac{1}{4} & \frac{1}{6} & 1 & \frac{1}{3} & \frac{1}{2} \\ \frac{1}{3} & \frac{1}{4} & 3 & 1 & 1 \\ \frac{1}{3} & \frac{1}{5} & 2 & 1 & 1 \end{bmatrix}. \tag{3-1}$$

其中，$a_{12}=2$ 表示收益率 C_1 与投资风险 C_2 对选择投资方案这个目标的重要性之比为2:1；$a_{13}=4$ 表示收益率 C_1 与资产流动性 C_3 的重要性之比为4:1等.

此时如果我们进一步要求，在两两比较时能够保持一致，即保持 $a_{ij}\cdot a_{jk}=a_{ik}$对于任意的 i,j,k 均成立（此时称矩阵为**一致正互反矩阵**），则各个准则层之间的权重其实就已经随之确定下来了，矩阵的任意一列（在归一化后）即可视为其权重.

请读者利用线性代数知识证明：一致正互反矩阵的秩为1，唯一非零特征根是 n，且每一列均为对应于特征根 n 的特征向量.

即此时五个准则层的权重既可以看成成对比较矩阵的某一列，也可以看成是该矩阵最大特征值 n 所对应的特征向量.

而在实际比较时，通常无法保证两两比较的一致性，但原则上不应该偏离一致矩阵过远，参考矩阵(3-1). 因此可以考虑用**矩阵的最大特征值 n 所对应的特征向量作为非一致矩阵的权重**，这就是**层次分析法的基本思想**. 根据矩阵论中的 Frobenius Perron 定理，正数矩阵模最大的特征值是正实数，且特征向量对应的每个分量可以取正数. 这保证了层次分析法是可以进行的.

可以简单计算得出，矩阵(3-1)最大非零特征根为5.22，对应的特征向量（在归一

化后）为(0.36,0.35,0.06,0.12,0.10)，即为五个准则层之间的打分权重. 如果某人对四个方案层的打分分别为(2,8,5,5,6),(3,6,5,6,4),(5,3,6,7,5),(6,3,7,4,2)，将其乘以准则层的权重，计算得出这个人对四类理财产品的看法得分为(5.07,4.64,4.59,4.35)，即他倾向于银行存款投资.

3.4 层次分析法的补充说明

以上简单说明了层次分析法的基本步骤，读者可以查阅相关资料，了解更多层次分析法背后的理论依据.

层次分析法在将社会问题综合评价转化为客观量化的数学问题处理时，隐含了较多的模型假设，例如，整个方法是基于所有评价角度可信、各个角度的得分可信等前提的. 在继续分析之前，我们不妨先停下来思考一下，该方法如果想成立，都需要哪些模型假设？

尤其需要注意的是，层次分析法关注的重点在于准则层的权重，但实际上，准则层的选择是否合理、方案层如何对每个准则进行科学量化打分，都是影响模型结果可信性的重要因素.

在前面的例子中，有的数据指标是可以直接量化的，例如收益率、持有期限；而对于风险、流动性、操作方式等指标无法直接量化. 常见的处理方法，可以考虑把某些变量进行分类打分，例如将不同操作方式依主观经验赋予不同得分；或者进行简单数据建模，可以参考本书 18 章等相关实验章节的提示.

一般来讲，在不同方案对不同准则赋分时应保持标准相对统一，即避免收益率得分用 0.05 ~ 0.2，操作简便程度得分用 0 ~ 1，持有期限用 360 ~ 720 的情况发生. 将所有得分区间和分布尽可能统一化是较为推荐的方式.

此外，如果层次分析法的层数过少（尤其是上面这种准则层只有一层的情况），或者准则层的元素过少，很难评价上面的方法和直接主观评估权重哪个更合理. 因此，**建议仅当要评价的对象有较为复杂的多层嵌套准则、或者人脑难以想象和评估各准则之间权重时，再使用层次分析法**.

尤其对于多准则层，以及不同方案适用的准则不一样时（有时称为缺数据问题，如图 3-2 中城市 D 不存在地下开发问题），层次分析法的功效才更为明显，参考图 3-2.

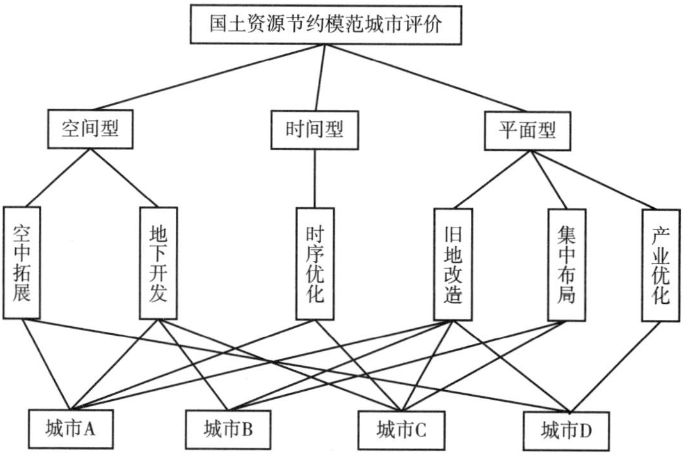

图 3-2　较为复杂的层次分析图

为了加强层次分析法的可信性，学者也提出了多种限制和修正方法. 其中最基本的一条是，由于该方法能成立的前提是矩阵的“一致性”较好，因此需要单独评价一下成对比较矩阵的“不一致程度”，即保证其不能与一致矩阵偏离过远.

可以将

$$CI=\frac{\lambda-n}{n-1} \tag{3-2}$$

定义为一致性指标. $CI=0$ 时，A 为一致阵，而 CI 越大，A 的不一致性越严重.

为了确定 A 的不一致程度的容许范围，需要找出衡量 A 的**一致性指标** CI 的标准. Saaty 引入所谓**随机一致性指标** RI.

计算 RI 的过程是：对于固定的 n，随机地构造正互反阵 A'（它的元素 $a'_{ij}(i<j)$ 从 $1\sim9$，$1\sim\frac{1}{9}$中随机取值），然后计算 A'的一致性指标 CI. 构造相当多的 A'，用它们的 CI 的平均值作为随机一致性指标. Saaty 对于不同的 n，用 100～500 个样本 A'算出的随机一致性指标 RI 的数值如表 3-1.

表 3-1　一致性指标

n	1	2	3	4	5	6	7	8	9	10	11
RI	0	0	0.58	0.90	1.12	1.24	1.32	1.41	1.45	1.49	1.51

表中 $n=1,2$ 时，$RI=0$，是因为 1,2 阶的正互反阵总是一致阵.

对于 $n\geqslant3$ 的成对比较矩阵 A，将它的一致性指标 CI 与同阶（指 n 相同）的随机一致性指标 RI 之比称为**一致性比率** CR，当

$$CR = \frac{CI}{RI} \leqslant 0.1 \tag{3-3}$$

时，认为 A 的不一致程度在容许范围之内，可用其特征向量作为权向量. 式(3－3)中 0.1 的选择是带有一定主观性的.

对于 A 利用式(3－2)，式(3－3)和表 3－1 进行检验称为**一致性检验**. 当检验不通过时，要重新进行成对比较，或对已有的 A 进行修正.

对于式(3－1)给出的 A 可以算出，该矩阵 A 的一致性指标 $CI = \frac{\lambda - n}{n-1} = 0.055$，$CR = 0.049 < 0.1$，因此一致性检验通过，上述 w 可作为权向量.

最后，将层次分析法的基本步骤归纳如下：

1. **建立层次结构模型**. 在深入分析实际问题的基础上，将有关的各个因素按照不同属性自上而下地分解成若干层次，同一层的各因素之间尽量相互独立.

2. **构造成对比较矩阵**. 从层次结构模型的第 2 层开始，对于同一层的所有因素，用成对比较法构造成对比较矩阵，直到最下层.

3. **计算权向量并做一致性检验**. 对于每一个成对比较矩阵计算最大特征根及对应特征向量，利用一致性指标、随机一致性指标和一致性比率做一致性检验. 若检验通过，特征向量（归一化后）即为权向量；若不通过，需重新构造成对比较矩阵.

4. **多准则层结构中，需要计算组合权向量并做组合一致性检验**. 组合权向量和一致性检验的方法留待读者在有需要时自行查阅相关文献了解.

第 4 章　基础数学模型

【学习目标与要求】

1. 熟悉建模相关的常用基础数学知识；
2. 了解常见的简单优化模型；
3. 了解常见的线性代数模型.

本章首先回顾一些经济数学常见的基础知识，主要包括微积分、线性代数相关的数学基础知识，再简单介绍几个常见的基础模型.

4.1　经济数学建模基础知识

首先罗列几个常见的经济数学建模基础结论，更多的数学基础可以参考其他基础课教材.

定理 4.1　无条件极值问题

多元函数 $y=f(x_1,x_2,\cdots,x_n)$ 的极值在梯度为零的点（称为驻点）取到，即 $\nabla f(x_1^*,x_2^*,\cdots,x_n^*)=0$.

由多元函数 Taylor 公式，在驻点有

$$f(x_1+h_1,\cdots,x_n+h_n)=f(x_1^*,\cdots,x_n^*)+\frac{1}{2}\left(h_1\frac{\partial}{\partial x_1}+\cdots+h_n\frac{\partial}{\partial x_n}\right)^2 f(x_1^*+\theta h_1,\cdots,x_n^*+\theta h_n)$$

如果二阶导数连续，函数在驻点是否为极值取决于 Hessian 矩阵

$$\begin{pmatrix} \dfrac{\partial^2 f}{\partial x_1^2} & \dfrac{\partial^2 f}{\partial x_1\partial x_2} & \cdots & \dfrac{\partial^2 f}{\partial x_1\partial x_n} \\ \dfrac{\partial^2 f}{\partial x_2\partial x_1} & \dfrac{\partial^2 f}{\partial x_2^2} & \cdots & \dfrac{\partial^2 f}{\partial x_2\partial x_n} \\ \cdots & \cdots & \cdots & \cdots \\ \dfrac{\partial^2 f}{\partial x_n\partial x_1} & \dfrac{\partial^2 f}{\partial x_n\partial x_2} & \cdots & \dfrac{\partial^2 f}{\partial x_n^2} \end{pmatrix}$$

在驻点的正定性，矩阵正定函数取极小值；负定函数取极大值.

而根据线性代数理论，常用的判断对称矩阵正定的方法主要有两个：

（1）矩阵的全部特征根若为正根则矩阵正定，若为负根则矩阵负定.

（2）若矩阵所有顺序主子式 $D_k>0$，则矩阵正定；若 $(-1)^k D_k>0$，则矩阵负定.

定理 4.2　条件极值与 Lagrange 乘子法

设 $f(x)$ 和 $g_i(x)(i=1,2,\cdots,m)$ 是连续可微函数. 若 x^* 是条件极值问题

$$\max \text{ or } \min f(x)$$

$$\text{s.t.}\quad g_i(x)=0$$

在定义域内部的极值点，且 $\nabla g_i(x)$ 是线性无关的. 记 Lagrange 乘子为

$$L(x,\lambda_j)=f(x)-\sum_{j=1}^{m}\lambda_j g_j(x),$$

则存在 m 个 $\lambda_j^*(i=1,2,\cdots,m)$，使得 $\dfrac{\partial L(x^*,\lambda_j^*)}{\partial x_i}=0$.

定理 4.3　包络定理

若具有参数约束的条件极值问题

$$\max \text{ or } \min f(x,a)$$

$$\text{s.t.}\quad g_i(x,a)\leqslant 0$$

对应 Lagrange 乘子法的解是 $x^*(a),\lambda^*(a)$，其中 $a\in A$ 是参数向量，并记 $V(a)$ 是条件极值问题的解对应的最大/最小值函数. 假设 f 和 g 在 $(x,a)\in\mathbb{R}^n\times A$ 点是连续可微的，且对每个 a，$x^*(a)$ 是条件极值问题的唯一解，它在 a 也是连续可微的，且约束条件 $g(x(a))\leqslant 0$ 是紧的. 则对于每个 a，有

$$\frac{\partial V(a)}{\partial a_i}=\frac{\partial L}{\partial a_i}\bigg|_{(x^*(a),\lambda^*(a))},i=1,2,\cdots,m.$$

定理 4.4 齐次函数

若$f(tx)\equiv t^k f(x), t>0$，则$f(x)$称为 k 次齐次函数. 在所有自变量同比例变化时，齐次函数的函数值会呈现出较强的规律，是建模中常见的一种函数. 经济学中著名的柯布—道格拉斯函数$f(x_1,x_2)=Ax_1^{\alpha}x_2^{\beta}, A>0, \alpha>0, \beta>0$就是典型的$\alpha+\beta$次齐次函数.

齐次函数有下列常见性质：

（1）若$f(x)$是 k 次齐次的，则它的偏导数是 $k-1$ 次齐次的.

（2）$f(x)$是 k 次齐次的，当且仅当

$$kf(x)=\sum_{i=1}^{n}\frac{\partial f(x)}{\partial x_i}x_i,\ \forall x\in\mathbb{R}.$$

（3）若可微函数$f(x,y,z)$ 满足

$$\frac{f(x_1,y_1,z_1)}{f(x_2,y_2,z_2)}=\frac{f(ax_1,by_1,cz_1)}{f(ax_2,by_2,cz_2)},$$

对于任意非零实数 a,b,c 及任意(x_1,y_1,z_1)和(x_2,y_2,z_2)均成立，则$f(x,y,z)=\lambda x^{\alpha}y^{\beta}z^{\gamma}$. 正是这条性质支撑了道格拉斯生产函数以及本书 3.1 节中量纲分析法设定的函数形式的合理性.

定理 4.5 矩阵指数函数的定义和性质

对于 n 阶方阵 A，幂级数

$$E+A+\frac{1}{2!}A^2+\cdots+\frac{1}{k!}A^k+\cdots$$

是绝对收敛的，将其记为 e^A，称为矩阵 A 的指数函数. 这样定义的矩阵指数函数满足以下性质：

1. 若矩阵 A 和 B 可交换，即 $AB=BA$，则 $\mathrm{e}^{A+B}=\mathrm{e}^A\mathrm{e}^B$；
2. 对于任意矩阵 A，$(\mathrm{e}^A)^{-1}=\mathrm{e}^{-A}$；
3. 若 P 是 n 阶可逆矩阵，则 $\mathrm{e}^{PAP^{-1}}=P\mathrm{e}^A P^{-1}$.

定理 4.6 常系数齐次线性微分方程组的解

常系数齐次线性微分方程组

$$\frac{\mathrm{d}y}{\mathrm{d}x}=Ay$$

的通解为 $y=C\mathrm{e}^{xA}$，其中，A 是已知的常系数方阵，C 是待定常数构成的对角方阵.

特别地，若 A 只有单特征根，记为 $\lambda_1,\lambda_2,\cdots,\lambda_n$，对应的特征向量记为 $r_1,r_2,\cdots,r_n$，则方程组的通解为

$$y=\sum_{i=1}^{n}C_i\mathrm{e}^{\lambda_i x}r_i.$$

其中 C_i 为待定常数.

定理 4.7　二阶常系数齐次线性差分方程

二阶常系数齐次线性差分方程的一般形式为：

$$y_{n+2}+ay_{n+1}+by_n=0.$$

其中 a,b 为已知常数.

称 $\lambda^2+a\lambda+b=0$ 为该差分方程的特征方程，特征方程的解称为特征根或特征值.

(1) 当 $\Delta=a^2-4b>0$ 时，特征方程有两个相异的实根 $\lambda_1=\frac{1}{2}(-a-\sqrt{\Delta})$，$\lambda_2=\frac{1}{2}(-a+\sqrt{\Delta})$，差分方程的通解为 $y_n=C_1\lambda_1^n+C_2\lambda_2^n$，其中 C_1,C_2 为任意常数.

(2) 当 $\Delta=a^2-4b=0$ 时，特征方程有二重根 $\lambda_1=\lambda_2=-\frac{1}{2}a$，差分方程的通解为 $y_n=(C_1+C_2n)\left(-\frac{1}{2}a\right)^n$，其中 C_1,C_2 为任意常数.

(3) 当 $\Delta=a^2-4b<0$ 时，特征方程有两个共轭复根 $\lambda_1=\frac{1}{2}(-a+i\sqrt{-\Delta})$，$\lambda_2=\frac{1}{2}(-a-i\sqrt{-\Delta})$，差分方程的通解为 $y_n=r^n(C_1\cos n\beta+C_2\sin n\beta)$，其中 C_1,C_2 为任意常数，$\beta=-\arctan\frac{\sqrt{-\Delta}}{a}$.

4.2　初等数学模型

例 4.1　一张纸最多折几次

可以简单计算一下将一张纸沿一个方向反复对折，最多可以折几次. 因为每次对折使得纸的厚度加倍，宽度减半，所以厚度为 t 的一张纸折叠 n 次的厚度是 $2^n t$，且宽度从原来的 w 减少到 $(\frac{1}{2})^n w$.

当纸的总厚度大于等于它的宽度时，认为就不能再折叠，此时有

$$2^n t\geqslant(\frac{1}{2})^n w.$$

一张 A4 纸的宽度约为 $w=297\text{mm}$，厚度为 $t=0.1\text{mm}$，数值求解可得 $n\approx5.7681$. 即我们这个粗略的模型说明，一张 A4 纸最多只能折 5 次.

例 4.2　等额本金与等额本息还款

等额本金与等额本息是常见的两种贷款还款方式. 顾名思义，等额本金指的是每个月

归还固定的本金，因此第 k 月还款金额为

$$x_k=\frac{x_0}{n}+x_0\left(1-\frac{k-1}{n}\right)r,$$

其中 n 是总贷款期限（月），r 是月利率．而等额本息指的是每个月归还固定的本息，即每月还款金额相同，记为 a，则有

$$x_0(1+r)^n=a[1+(1+r)+\cdots+(1+r)^{n-1}],$$

从而求得每月应还金额为 $a=x_0r\dfrac{(1+r)^n}{(1+r)^n-1}$.

对于相同的贷款利率和贷款期限，两种还款金额的总还款金额是明显不同的，那么该如何选择两种贷款方式呢？请读者思考，注意考虑不同利率对结论的影响.

例 4.3　蛛网模型

商品数量和价格主要由供需关系决定．设商品供求关系处于平衡态时，商品数量为 x_0，商品价格为 y_0．如果以离散的时间段（如月份）来观测，认为第 k 月的商品数量为 x_k，商品价格 y_k.

根据一般的经济规律，可以假定对于任意时刻，商品的数量和价格满足线性差分方程

$$y_k-y_0=-\alpha(x_k-x_0)$$

及

$$x_{k+1}-x_0=\beta(y_k-y_0),$$

其中比例系数 $\alpha,\beta>0$.

由上面的差分方程组消去 y，可以得到关于 x 的差分方程

$$x_{k+1}-x_0=\alpha\beta(x_k-x_0),$$

从而可以看出，当且仅当 $\alpha\beta<1$ 时，该系统随着时间 k 的增大会趋于平衡态(x_0,y_0)．这一现象也可以通过图 4－1 直观地看出，由于该图像形似蛛网，因而该模型也常被称为蛛网模型.

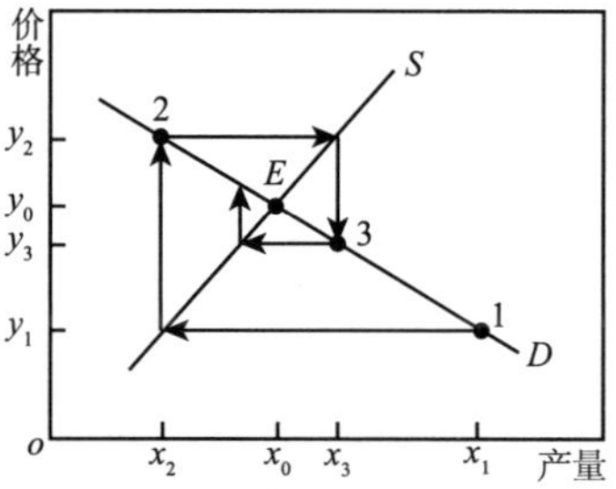

图 4－1　蛛网模型示意图

4.3 微积分模型

例 4.4　光的折射定律的数学推导

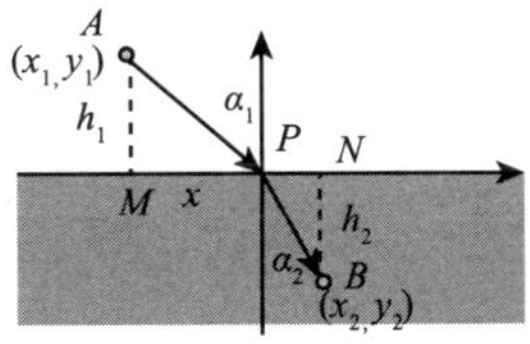

图 4－2　光的折射定律

如图 4－2 所示，光从 $A(x_1,y_1)$射向 $B(x_2,y_2)$，其中 x 轴为两介质边界，光在上半平面的速度为 v_1，下半平面的速度为 v_2，记 P 为入射点，入射角为 α_1，折射角为 α_2. 为求解点 P 的位置，不妨假设 $|MP|=x$，则 $|PN|=x_2-x_1-x$，光从 A 经 P 至 B 耗时为

$$t(x)=\frac{\sqrt{y_1^2+x^2}}{v_1}+\frac{\sqrt{y_2^2+(x_2-x_1-x)^2}}{v_2}.$$

假设光行进中会“自动”选择耗时最短的路线，则实际入射点 P 应使 $t(x)$ 取最小值，于是令 $t'(x)=0$ 可知，P 的位置满足

$$\frac{\sin\alpha_1}{\sin\alpha_2}=\frac{v_1}{v_2},$$

即光从一种介质进入另一介质时，入射角正弦与折射角正弦之比等于光在两种介质中的速度之比.

例 4.5　边际成本、边际效用与弹性

经济学中，边际成本定义为产量 x 再增加一个单位时所增加的成本. 若成本函数 $C(x)$可导，则边际成本可表示为

$$C'(x)=\lim_{\Delta x\to 0}\frac{C(x+\Delta x)-C(x)}{\Delta x},$$

类似可定义边际效用.

而弹性则对应于数学中“相关变化率”的概念. 例如，“需求的价格弹性”可以表示为$\frac{\Delta D}{D}\Big/\frac{\Delta p}{p}$，其中 D 表示需求量，p 表示价格. 其含义为，价格的变动引起的需求量的变动

情况. 有时根据需要也在上式前加负号以保证取值为正. 类似可以定义其他弹性.

利用这些概念可以求解简单的经济优化问题. 例如，设某厂家生产某产品的产量为 Q，成本 $C(Q)=100+13Q$，该产品的单价为 p，需求量 $q(p)=\dfrac{800}{p+3}-2$. 则当供需平衡时，厂家获利最大，此时利润为 $pq-c(q)=(\dfrac{800}{q+2}-3)q-100-13q$. 求导数并令边际成本为0，即可求得该厂家获得最大利润时的产量 $q=8$.

例 4.6 利用道格拉斯生产函数优化生产

产量往往主要由资本、劳动以及技术水平决定，而短期内，技术水平相对稳定. 用 $Q(t),K(t),L(t)$ 分别表示某一地区或部门在时刻 t 的产量、资本和劳动，将他们的关系记作 $Q(t)=F(K(t),L(t))$，其中 F 为待定函数.

道格拉斯建议在一般研究中用

$$Q=cK^{\alpha}L^{\beta},\ 0<\alpha,\ \beta<1$$

表示该函数，即道格拉斯生产函数.

若上式中 $\beta=1-\alpha$，则满足 $\dfrac{\partial Q}{\partial K},\dfrac{\partial Q}{\partial L}>0$，$\dfrac{\partial^2 Q}{\partial K^2},\dfrac{\partial^2 Q}{\partial L^2}<0$ 且 $K\dfrac{\partial Q}{\partial K}+L\dfrac{\partial Q}{\partial L}=Q$，故称此函数形式为规模报酬不变的柯布—道格拉斯函数.

若某企业资金来自贷款，利率固定为 r. 企业可以通过调整贷款金额 K，雇佣劳动力数量 L 和支付每个劳动力的工资 w 来优化生产. 计产值为 Q，则企业的效益为：

$$S=Q-rK-wL=cK^{\alpha}L^{1-\alpha}-rK-wL.$$

通过求解可得，当 $\dfrac{K}{L}=\left(\dfrac{c\alpha}{r}\right)^{\frac{1}{1-\alpha}}=\dfrac{\alpha}{1-\alpha}\dfrac{w}{r}$ 时，效益 S 取最大值.

4.4 线性代数模型

矩阵是现代数学重要基础概念，在插值、层次分析法、差分方程、图论、博弈论、马尔可夫链等模型中均有应用，这里仅介绍几个“狭义”的线性代数模型.

例 4.7 文献检索模型

可以利用矩阵理论刻画文献检索过程. 设数据库中包含了 m 个文件，而可用于搜索关键词一共有 n 个，均已按某种顺序排序. 可以用 A_{ij} 表示第 j 个关键词在第 i 个文件中出现的相对频率，视为 0—1 变量或取值在[0,1]上的变量均可.

在指定某几个关键词进行一次搜索时，可以将这次搜索用的关键词视为一个 n 维列向量 x. x 的赋值规则为：与总关键词库对比，如果第 i 个关键词在这次搜索中要用到，令 $x_i = 1$，否则 $x_i = 0$. 易见 Ax 是一个 m 维列向量，它的第 k 个元素表示的就是这次搜索的关键词在第 k 个文件中出现的相对频率.

例 4.8　投入产出模型

同样可以将一些常见经济问题写成矩阵乘法和线性方程组的格式，以里昂惕夫投入产出模型为例：

考虑具有 n 种产品的经济系统，每种产品在生产时又需要以这 n 种产品或其中一部分作为原材料. 若将产品产量记为 n 维列向量 $x_{n\times 1}$，则在线性假设下，生产需要的原材料可视为列向量 Ax，其中 A 是一个 $n\times n$ 的系数矩阵.

若在一段时期内供需均衡，则有 $x = Ax$. 在此基础上，若考虑该系统的第 i 种产品还要有一部分用于生产之外的消耗 d_i，则均衡关系可改写为 $x = Ax + d$. 其中 $d = (d_1, d_2, \cdots, d_n)$.

因此，当矩阵 $A - E$ 非奇异时，可求出均衡状态下的产量 $\bar{x} = (E - A)^{-1}d$.

第 5 章　微分方程模型

【学习目标与要求】

1. 掌握时间为自变量的常微分方程组建模一般流程；
2. 熟悉经典常微分方程组模型；
3. 了解偏微分方程建模的一般方法；
4. 理解微分方程建模时参数的含义和估计方法.

微分方程模型是历史最悠久的数学模型之一，它以牛顿力学为典型应用领域，自微积分建立时产生，至今仍是“应用数学”分支的重要研究对象. 特别地，以伊藤积分为基础的随机微分方程理论是现代数理金融理论的基础工具. 但由于课程难度所限，本书仅介绍几类相对简单的微分方程建模问题，这也是继续深入学习高等经济金融模型的必备基础.

5.1　一元常微分方程模型

一般地，称

$$f\left(x, y, \frac{\mathrm{d}y}{\mathrm{d}x}, \cdots, \frac{\mathrm{d}^n y}{\mathrm{d}x^n}\right) = 0 \tag{5-1}$$

为 n 阶常微分方程，其中，x 是一维自变量，y 可以是一维或高维变量. 若将该方程等价变换成 $y=y(x)$ 的格式，其中 $y(x)$ 为不含积分及微分项的初等解析函数，则称其为微分方程的（显式）解析解.

为简化要求，我们仅考虑以时间为自变量的一元常微分方程模型，这也是微分方程模型中最常见的一类，常用于刻画某个变量随时间的连续变化趋势. 为此对上式做如下简化处理：

（1）用 t 表示时间，并代替字母 x 代表自变量；

（2）用 x 代替上式中的 y 表示变量，且是一维的变量；

（3）令 $n=1$，即至多考虑一阶导数项；

（4）函数 f 是初等函数，进一步将上式重新改写为

$$\frac{\mathrm{d}x}{\mathrm{d}t}=f(x,t). \tag{5-2}$$

其中，等号左侧表示变量 x 关于时间的变化率，等号右侧表示这个变化率随 x 和 t 的变化规律；

（5）在 $\frac{\mathrm{d}x}{\mathrm{d}t}$ 不随时间显著变化时（一般简化的模型可以这样假设），再进一步将上式简化为

$$\frac{\mathrm{d}x}{\mathrm{d}t}=f(x). \tag{5-3}$$

称这种等号右端不显示含有自变量 t 的微分方程为自治微分方程. 显然，采用自治方程建模通常是一种简化的处理方式.

因此，简单的一元常微分方程模型的建模过程可以分为两步：

（1）选择合理的变量 x；（2）根据实际含义选择合理的函数关系 $f(x)$. 这里的 $f(x)$ 虽然是人为选取的，但通常要服从数学建模的从简原则.

例 5.1　Malthus 人口模型和 Logistic 人口模型

为描述某一国家或地区的人口随时间的演化规律，并对未来某一时刻的人口进行预报. 记 $x(t)$ 表示该区域的人口. 在人口演化率的诸多影响因素中提取主要矛盾，从而概化出合理的 $f(x)$.

我们认为，粗糙地讲，人口基数越大，单位时间繁衍率越大，即 $\frac{\mathrm{d}x}{\mathrm{d}t}$ 与 x 为正相关关系. 在不深入考虑其他细节影响的前提下，利用正比例函数 $kx(k>0)$ 代替这一相关关系，从而得到方程

$$\frac{\mathrm{d}x}{\mathrm{d}t}=kx. \tag{5-4}$$

该模型即历史上著名的 Malthus 人口模型，该模型在模拟英国工业革命后一段时期的人口演化时取得了良好的效果.

注意到该模型的解析解 $x(t)=x(0)\mathrm{e}^{kt}$ 为指数格式，意味着 $t\to\infty$ 时，x 以指数形式趋于无穷，即人口将爆炸式增长，与常识不符. 为此需要对该模型进行改进.

分析实际含义可知，上述模型有一个重要的假设，即 k 是常数. 实际上 k 可以视为 x 的函数，且 x 越大，k 越小. 同样为简化起见，取 $k(x)=a-bx$，其中 $a>0,b>0$，则

$$\frac{\mathrm{d}x}{\mathrm{d}t}=(a-bx)x\triangleq\lambda x(N-x). \tag{5-5}$$

其中，$N>0$ 可以视为该区域所能承载的人口上限. 该模型即 logistic 模型. Logistic 模型的解曲线为 S 型（参见图 5 - 1），常用于描述具有资源上限约束的自然增长，例如传染病的感染人数、舆论的传播范围、电影票房等变量随时间的变化规律，故也称为阻滞增长模型. 在更复杂的模型中常用于描述一些次要变量的自然增长.

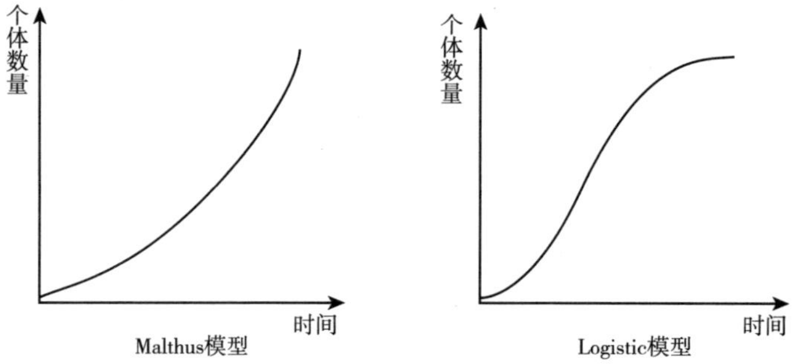

图 5 - 1　Malthus 和 Logistic 模型对比

例 5.2　Ebbinghaus 遗忘曲线

与增长模型相反的是自然衰减模型. 例如，人们在学习某些需要机械记忆的知识（例如熟记外语单词）后，会产生自然遗忘.

记 $x(t)$ 为 t 时刻某人对某些单词的记忆比例(%)，则 $\frac{\mathrm{d}x}{\mathrm{d}t}<0$ 表示遗忘速率. 一个自然的假设是认为 $-\frac{\mathrm{d}x}{\mathrm{d}t}$ 与 x 正相关，仍采用正比例函数进行简化可得

$$\frac{\mathrm{d}x}{\mathrm{d}t}=-\lambda x.$$

即为机械记忆对应的遗忘模型. 该模型的解析解为 $x(t)=x(0)\mathrm{e}^{-\lambda t}$，与著名心理学家 Ebbinghaus 从实验数据总结出的遗忘曲线基本契合. Ebbinghaus 遗忘曲线如图 5 - 2 所示.

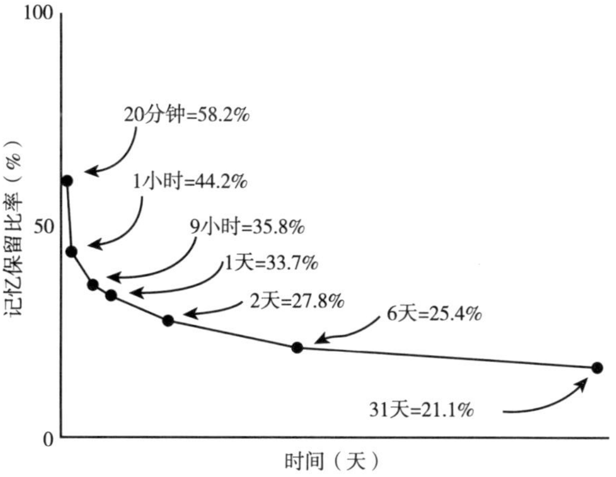

图 5－2　Ebbinghaus 遗忘曲线

【练习 5.1】Logistic 模型的应用

1. 在日常生活中选择你认为属于阻滞增长的背景问题，建立 Logistic 模型.

2. 你认为本节所述模型是否可以在一定意义上解决实际问题，如果不能，还需要做哪些工作？

例 5.3　Solow 增长模型

Solow 模型是用于描述经济体超长期增长的模型，在宏观经济学中具有重要地位. Solow 模型认为，资本 K 的净增长等于产出 Y 减去消费 C 再减去资本折旧，即

$$\frac{\mathrm{d}K}{\mathrm{d}t}=Y-C-\delta K=sY-\delta K. \tag{5-6}$$

其中，s 和 δ 分别为储蓄率和折旧率，而产出 Y 由资本 K、劳动 L 和技术 A 决定，生产函数形式为

$$Y(t)=F(K(t),A(t)L(t)). \tag{5-7}$$

初步研究假设人口和技术均自然增长，即 $\frac{\mathrm{d}L}{\mathrm{d}t}=nL$，$\frac{\mathrm{d}A}{\mathrm{d}t}=gA$. 如果继续假设生产具有规模报酬不变的性质，即

$$F(cK,cAL)=cF(K,AL), \tag{5-8}$$

并用 $k=\frac{K}{AL}$ 表示单位有效劳动的平均资本，即可转向考察单位有效平均产出：

$$y=\frac{Y}{AL}=\frac{1}{AL}F(K,AL)=F\left(\frac{K}{AL},1\right)\triangleq f(k), \tag{5-9}$$

从而得到 Solow 模型的核心方程如下：

$$
\begin{aligned}
\dot{k} &= \frac{\dot{K}}{AL} - \frac{K}{(AL)^2}(A\dot{L} + L\dot{A}) \\
&= \frac{sY - \delta Y}{AL} - \frac{K}{AL}\frac{\dot{L}}{L} - \frac{K}{AL}\frac{\dot{A}}{A} \\
&= s\frac{Y}{AL} - \delta k - nk - gk \\
&= s(f(k)) - (\delta + n + g)k. \qquad (5-10)
\end{aligned}
$$

注：为满足经济学一般含义，通常假定$f(k)$满足$f(0)=0$，$f'(k)>0$，$f''(k)<0$以及Inada条件，即$\lim\limits_{n\to 0} f'(k)=\infty$，$\lim\limits_{n\to\infty} f'(k)=0$.

5.2 多元常微分方程模型

接下来继续关注多元常微分方程模型的建立方法.

例 5.4 物种竞争模型

某草原上斑马和羚羊由于食物类型相似，存在竞争关系，用$x(t)$和$y(t)$分别代表斑马和羚羊的数量，则在不考虑互相影响时，二者分别服从 logistic 演化规律：

$$
\begin{cases}
\dot{x} = \lambda_1 x(N_1 - x) \\
\dot{y} = \lambda_2 y(N_2 - y).
\end{cases}
$$

由于两个物种是竞争关系，一方的存在会对另一方产生抑制作用，我们认为这种抑制作用影响在变化率（导数）层面，且y越大，对$\dot{x}$的抑制作用越明显，因此可以写出如下方程：

$$
\begin{cases}
\dot{x} = \lambda_1 x(N_1 - x) - \mu_1 xy \\
\dot{y} = \lambda_2 y(N_2 - y) - \mu_2 xy.
\end{cases}
$$

这里需要说明两点：

1. 这类模型可以视为概念化模型，模型建立本身并没有绝对严格的理由. 例如这里用线性函数代替了相关关系，并在自身增长和交互影响两种趋势之间用加法进行连结，这些都是可以根据需要适当调整的.

2. 一般习惯上，这类模型的所有参数均取正值. 这样便于直接通过参数前面的正负号判断某一项的趋势. 模型调整时通常必须保持每一项的符号不变.

【练习 5.2】

将如下物种竞争模型

$$\begin{cases}\dot{x}=\lambda_1 x(N_1-x)-\mu_1 y\\ \dot{y}=\lambda_2 y(N_2-y)-\mu_2 x\end{cases}$$

与上例中进行对比，你认为哪个更合理？为什么？

例 5.5　正规战与游击战模型

第一次世界大战期间，F. W. Lanchester 提出了预测战争结局的数学模型，简述如下．用 $x(t)$ 和 $y(t)$ 表示甲乙交战双方时刻 t 的兵力，不妨视为双方士兵人数，则

$$\begin{cases}\dot{x}=-f(x,y)-\alpha x+u(t)\\ \dot{y}=-g(x,y)-\beta y+v(t).\end{cases}$$

等式右端的三项依次代表战斗减员、非战斗减员和援军项，其中战争减员根据战争性质的不同，又可以具体分为：

（Ⅰ）正规战争模型

$$\begin{cases}\dot{x}=-ay-\alpha x+u(t)\\ \dot{y}=-bx-\beta y+v(t).\end{cases}$$

（Ⅱ）游击战争模型

$$\begin{cases}\dot{x}=-cxy-\alpha x+u(t)\\ \dot{y}=-dxy-\beta y+v(t).\end{cases}$$

（Ⅲ）混合战争模型

$$\begin{cases}\dot{x}=-cxy-\alpha x+u(t)\\ \dot{y}=-bx-\beta y+v(t).\end{cases}$$

请读者比较这三个模型，并与上下两例进行比较，进一步体会建模时方程右端项的书写原则．

例 5.6　军备竞赛模型

记甲乙双方在时刻 t 的军备分别为 $x(t)$ 和 $y(t)$，则方程组

$$\begin{cases}\dot{x}=-ax+by+g\\ \dot{y}=cx-dy+h\end{cases}$$

可用于描述军备竞赛问题．其中 a,d 体现的是己方经济因素制约程度，b,c 体现的是对方军备刺激程度，而 g,h 可视为固有的己方军备潜力．

例 5.7 传染病模型

采用最初文献的记号，用字母 s 表示健康人（Susceptible，易感染者），用 i 表示病人（Infective，已感染者），t 时刻两类人在总人群中的比例分别记为 $s(t)$ 和 $i(t)$，则 $s(t)+i(t)=1$. 记某区域的总人口数为 N，则

$$N\frac{\mathrm{d}i}{\mathrm{d}t}=\lambda Nsi,$$

即

$$\frac{\mathrm{d}i}{\mathrm{d}t}=\lambda i(1-i).$$

上式称为 SI 传染病模型.

若传染病可治愈，记单位时间被治愈的病人数占病人总数的比例为常数 μ（请读者思考，这里为什么假设比例是常数?），则 SI 模型可以改写为

$$N\frac{\mathrm{d}i}{\mathrm{d}t}=\lambda Nsi-\mu Ni,$$

即

$$\frac{\mathrm{d}i}{\mathrm{d}t}=\lambda i(1-i)-\mu i.$$

上式称为 SIS 模型.

在 SIS 模型中，病人仍可再次被感染. 而对于某些传染病，被治愈的病人（在一定阶段内）具有免疫力，不会再次感染，计这部分人群为 r（Removed，移出者），t 时刻在总人群中的比例记为 $r(t)$，且 $s(t)+i(t)+r(t)=1$. SIS 模型可以改写为：

$$\begin{cases}\dfrac{\mathrm{d}i}{\mathrm{d}t}=\lambda si-\mu i\\[2ex]\dfrac{\mathrm{d}s}{\mathrm{d}t}=-\lambda si.\end{cases}$$

该模型称为 SIR 模型.

5.3 简单偏微分方程建模

本节我们以人口发展方程为例，简单介绍一下偏微分方程模型的建立方法.

在基本的 logistic 方程的基础上，我们进一步考虑人口年龄结构. 假定时刻 t 的人口总数

为 $N(t)$，人的最高年龄记作 r_m，并引入人口年龄的分布函数 $F(r,t)$ 和密度函数 $p(r,t)$，其中 $F(r,t)$ 表示时刻 t 年龄小于 r 的人口数，且

$$p(r,t)=\frac{\partial F}{\partial r},$$

则 $p(r,t)\mathrm{d}r$ 表示时刻 t 年龄在区间 $[r,r+\mathrm{d}r)$ 内的人数. 并记 $\mu(r,t)$ 为时刻 t 年龄 r 的人的死亡率，即用 $\mu(r,t)p(r,t)\mathrm{d}r$ 表示时刻 t 年龄在 $[r,r+\mathrm{d}r)$ 内单位时间的死亡人数.

建立人口演化方程的主要目的是给出 $p(r,t)$ 所满足的方程. 考虑时刻 t 到时刻 $t+\mathrm{d}t$ 内的人口演化情况，有

$$p(r,t)\mathrm{d}r-p(r+\mathrm{d}t,t+\mathrm{d}t)\mathrm{d}r=\mu(r,t)p(r,t)\mathrm{d}r\mathrm{d}t,$$

上式可写作

$$[p(r+\mathrm{d}t,t+\mathrm{d}t)-p(r,t+\mathrm{d}t)]\mathrm{d}r+[p(r,t+\mathrm{d}t)-p(r,t)]\mathrm{d}r=-\mu(r,t)p(r,t)\mathrm{d}r\mathrm{d}t,$$

即

$$\frac{\partial p}{\partial r}+\frac{\partial p}{\partial t}=-\mu(r,t)p(r,t).$$

这就是人口密度函数 $p(r,t)$ 满足的偏微分方程，其中 $\mu(r,t)$ 为已知函数.

需要说明一点，常微分方程模型不只可以用于刻画自变量是时间的动态演化问题，也可以描述一些静态问题，其建模思路与上面的偏微分方程有类似之处，这里不再具体介绍.

5.4　微分方程模型的参数估计

以上我们学习了建立微分方程模型的一般方法. 在实际应用中，通常还需要利用已知数据，将其中待定的某些参数确定下来.

以 Malthus 模型为例，假设已知某国家 1950—2020 年的人口，我们需要将 $\dot{x}=\lambda x$ 中的 λ 确定下来. 通常先将已知数据的后 10% 左右分离用于模型检验. 例如，可以利用 1950—2010 年的人口数据进行参数拟合，再将拟合结果与 2011—2020 年的数据进行比较，从而在一定程度上说明模型的合理性.

在进行参数拟合时，通常有两种方式：

(1) 利用差分代替微分项，即将原方程近似化为 $\frac{x(t+1)-x(t)}{1}=\lambda x(t)$ 的形式，并利

用实际数据计算等号左侧数值，再利用最小二乘法估计其中的参数 λ. 注意此时可以根据数据的特点，适当调整差分的步长，例如将原方程改写为 $\frac{x(t+2)-x(t)}{2}=\lambda x(t)$ 的形式，对于有典型“大小年”“奇偶年”特性的数据可能达到更好的拟合效果. 但一般而言，由于数据量有限，步长通常不应取值过大.

（2）先对微分方程求解，即将原方程的解表达为 $x=x(0)e^{\lambda t}$ 的格式，再利用非线性最小二乘法估计其中的参数 λ. 但由于有些方程的解析解较为复杂，可能在求解后不便于拟合参数.

而多元微分方程组一般视为几个独立的微分方程，再借助差分的思想进行参数拟合.

第 6 章　微分方程模型动力学分析

【学习目标与要求】

1. 能够利用相除降维法对简单的二维系统进行动力学分析；
2. 掌握基本的微分方程平衡点理论；
3. 熟悉经典的微分方程组模型的动力学结论.

将实际问题用微分方程的格式进行描述只是微分方程建模的第一步，如果停留至此，还没有解决任何实际问题，可以说模型并没有什么实际价值. 针对不同的研究目的，对列出的微分方程模型将从定量和定性两个角度进行研究.

粗略地讲，定量研究主要解决微分方程模型里主要变量的拟合和预报问题，而定性研究主要讨论微分方程解的性态和分布，例如 $x(t)$ 随时间的演化趋势，尤其是 $t\to\infty$ 的极限动力学行为，故有时也特指微分方程动力学分析.

微分方程组的定量求解通常较为困难，定性研究是对于微分方程组模型重要的研究方法. 本章仅对常见的二维平面系统，举例说明几种常用的动力学分析的方法.

6.1　相除降维法分析二维系统

例 6.1　考虑上一章介绍的战争模型，如果不考虑援兵及非战争减员项，模型会退化

为较为简单的二维常微分方程组，以正规战争模型为例，即

$$\begin{cases} \dot{x} = -ay \\ \dot{y} = -bx. \end{cases} \tag{6-1}$$

该方程组的解曲线是一族三维空间 $x-y-t$ 中的曲线. 为研究方便，将解曲线在不含时间 t 的维度（本例即 $x-y$ 平面，称为相空间，二维也称相平面）内做投影，并在解的投影上加上箭头表示随时间增大解的运动方向，称为相轨线. 对应地，能够体现相空间内经过每点相轨线的趋势的示意图称为**相图**.

相图将原来 $n+1$ 维空间内解曲线的性态投影到 n 维（本例将三维问题转化为二维），便于进行定性分析，是微分方程重要的研究对象.

在不方便求解微分方程组的前提下，有一些常见的方法用于分析相图. 其中最为简单但又很常用的一种，对于类似式(6-1)的二维方程组问题，可以将其中的两个方程相除，得到

$$\frac{dy}{dx} = \frac{bx}{ay}.$$

这个问题比较特殊的是，此时得到了一个变量分离的一元常微分方程，这样就很容易通过简单求解得到该方程的解曲线为

$$ay^2 - bx^2 = C, \tag{6-2}$$

其中 C 为常数，对应原方程组的相图如图 6-1 所示.

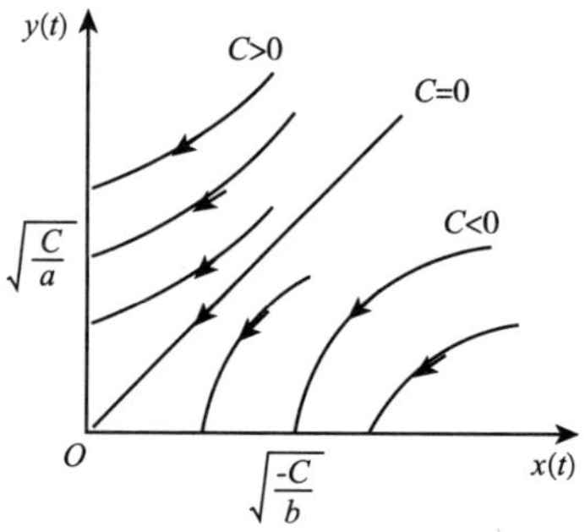

图 6-1　正规战争模型的相图

从图 6-1 中我们可以看出，初值 $C>0$ 时，在本模型的演化趋势下，x 终将被 y 打败，即存在某一时刻，使 $x=0$ 且 $y>0$. 并且参数 a,b 和初始兵力对战争结果的影响不是线性的，例如在平局即初始兵力满足 $C=0$ 的前提下，若 y 方提高了武器装备，将参数 a 变为原来的 2 倍，即 y 对 x 的伤害能力增为原来 2 倍，则 x 方为保持平局，在 b 不变的前提下需要将初始兵力提升至原来的$\sqrt{2}$倍.

注意到以上分析一直是在相平面而非解空间上进行的，这体现了相图的作用.

类似地，请读者画出游击战争模型的相图，并将二者进行比较，分析在不同的战争模式下，为战争获胜需要投入的初始兵力有何不同，从而感受将战争这一军事社会问题概括为这种“稍显任性”的常微分方程组数学模型在科研方法论上的意义.

6.2　微分方程平衡点理论简介

对于更复杂的微分方程组，有专门的理论方法用于尝试绘制相图和讨论系统结构. 接下来以一维和二维常微分方程为例，简要介绍微分方程定性理论中的平衡点理论，以帮助我们讨论更复杂的微分方程组模型的动力学行为.

一般地，考察

$$\begin{cases} \dot{x} = f(x,y) \\ \dot{y} = g(x,y). \end{cases}$$

其中 $f(x,y)$ 和 $g(x,y)$ 都是光滑函数. 若点 $E(x_0,y_0)$ 满足 $f(x_0,y_0)=0$ 且 $g(x_0,y_0)=0$，称点 E 为**平衡点**（Equalibrium）. 从平衡点出发的点，在该方程组作用下会保持位置不变.

进一步可以定义平衡点的稳定性. 对于某一类平衡点，从其邻域内任何一点出发的轨线经过足够长时间后会收敛至该平衡点，称这类平衡点为稳定平衡点. 否则称为不稳定平衡点.

例如，对于一维常微分方程 $\dot{x}=x(1-x)$，易见 $x=0$ 和 $x=1$ 均为其平衡点，且 $x=1$ 是稳定的，$x=0$ 是不稳定的. 也可以以圆周摆的下方和上方两个平衡点为例理解稳定和不稳定的概念.

二维系统是最常见的一类系统，可以采取如下的方法进行分析，在判断平衡点稳定性的同时，也将平衡点附近的轨道结构一并分析出来.

对于二维线性系统

$$\begin{cases} \dot{x} = ax+by+m \\ \dot{y} = cx+dy+n, \end{cases}$$

仅考虑非退化情形系数矩阵可逆，此时可将系统唯一平衡点平移至(0,0). 为方便起见，仍记

$$\begin{cases} \dot{x} = ax+by \\ \dot{y} = cx+dy, \end{cases}$$

并简写为 $\dot{X}=AX$，其中 $X=\begin{pmatrix}x\\y\end{pmatrix}$，$A=\begin{pmatrix}a&b\\c&d\end{pmatrix}$，选择合适的坐标变换 $Y=PX$，其中 P 是可逆矩阵，则 $\dot{Y}=P\dot{X}=PAX=(PAP^{-1})Y$.

由于二阶可逆实矩阵的实相似标准形有三类，即

$$A_1=\begin{pmatrix}\lambda&0\\0&\mu\end{pmatrix},A_2=\begin{pmatrix}\lambda&0\\1&\lambda\end{pmatrix},A_3=\begin{pmatrix}a&b\\b&a\end{pmatrix},$$

分别对应于矩阵有两个无关特征向量（可能有相同或不同的两个实特征值），有两个相同实特征值且只有一维特征向量，有一对共轭复特征值. 分别解方程 $\dot{X}=A_iX,i=1,2,3$，可得如下结论：

定理 6.1 二维常系数自治微分方程组 $\dot{X}=AX$ 在 $\det A\neq0$ 时的轨道结构可以分为图 6－2 所示的几类（不含退化情形）：

（1）若 A 有两个同号实特征值，称平衡点(0,0)为**结点**，若特征值为负，结点是稳定的，否则是不稳定的；

（2）若 A 有两个异号实特征值，称平衡点(0,0)为**鞍点**，鞍点是不稳定的. 结点和鞍点附近有两条"特征直线"，其余轨线与特征直线走势相近；

（3）若 A 有两个共轭复特征值且实部非零，称平衡点(0,0)为**焦点**，若特征值实部为负，焦点是稳定的，否则是不稳定的. 焦点附近的轨道呈螺旋式结构；

（4）若 A 有两个共轭的纯虚特征值，称平衡点(0,0)为**中心**，一般也将中心归为不稳定的. 中心附近的轨道是互不相交的闭合轨线.

根据以上定理，可以画出简单二维常系数自治微分方程组的相图，如图 6－2 所示.

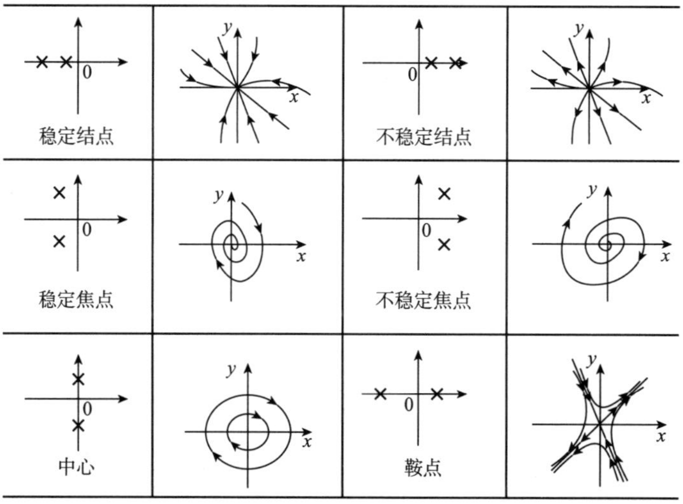

图 6－2 二维常系数自治微分方程组轨道结构分类

例 6.2　画出 (1) $\begin{cases}\dot{x}=x+y\\ \dot{y}=x-y\end{cases}$ 及 (2) $\begin{cases}\dot{x}=-x+y\\ \dot{y}=-x-y\end{cases}$ 的相图.

因为矩阵$\begin{pmatrix}1 & 1\\ 1 & -1\end{pmatrix}$的特征值是 $\pm\sqrt{2}$，因此$(0,0)$是系统(1)的鞍点. 设系统的两条特征直线为 $y=kx$，则由$\dfrac{\dot{y}}{\dot{x}}=\dfrac{y}{x}$ 得 $k=-1\pm\sqrt{2}$. 任取特征直线 $y=(-1+\sqrt{2})x$ 在第一象限上的某一点，由 $\dot{x}=x+y>0$ 知，系统沿特征直线 $y=(-1+\sqrt{2})x$ 随 t 增加向外运动，而沿特征直线 $y=(-1-\sqrt{2})x$ 随 t 增加向内运动. 系统的相图如图 6-3(a)所示.

因为矩阵$\begin{pmatrix}-1 & 1\\ -1 & -1\end{pmatrix}$的特征值是 $-1\pm i$，因此$(0,0)$是系统(2)的焦点，且旋转方向向内. 在 y 轴正半轴上任取一点$(0,y)$，易见该点运动方向向右下方，故系统随 t 沿顺时针方向旋转，系统的相图如图 6-3(b)所示.

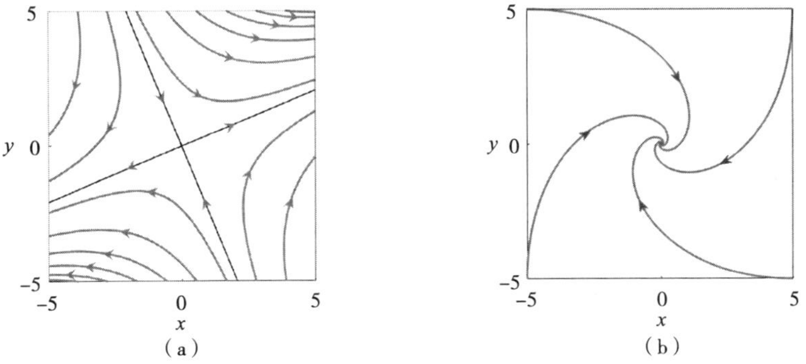

图 6-3　例 6.2 方程组相图

对于非线性系统

$$\begin{cases}\dot{x}=f(x,y)\\ \dot{y}=g(x,y),\end{cases}$$

若系统有平衡点(x_0,y_0)，则称方程

$$\begin{cases}\dot{x}=\dfrac{\partial f}{\partial x}\Big|_{(x_0,y_0)}x+\dfrac{\partial f}{\partial y}\Big|_{(x_0,y_0)}y\\ \dot{y}=\dfrac{\partial g}{\partial x}\Big|_{(x_0,y_0)}x+\dfrac{\partial g}{\partial y}\Big|_{(x_0,y_0)}y\end{cases}$$

为原方程在平衡点(x_0,y_0)处的**线性近似方程**.

著名的 Hartman 定理保证了，非线性系统在其平衡点附近的轨道结构与其线性近似方程在原点附近的轨道结构“相似”，即线性近似方程的鞍点、结点和焦点仍为非线性系统的鞍点、结点和焦点，但鞍点和结点的特征直线可能会发生弯曲，而线性近似方程的中心可能是非线性系统的中心或者焦点.

以上命题只对平衡点的某邻域内成立，而系统在整个 $x-y$ 平面上的全局结构则更为复杂，需要具体问题具体分析.

需要说明的是，MATLAB 目前并没有特别简单完美的绘制相图的命令，可以适当参考 quiver 和 streamslice 命令. 由于相图中很重要的元素是平衡点附近的轨道结构，而平衡点附近导数绝对值很小，计算误差可能较大. 因此仅从简单的数值计算的角度，可能会产生不可回避的计算误差，绘制相图仍需要结合理论分析共同完成，但数学软件在未来的版本更新中也许会进一步优化该命令.

6.3 实例分析

例 6.3 种群关系模型

分析模型

$$\begin{cases} \dot{x}_1(t)=r_1x_1\left(1-\dfrac{x_1}{N_1}-\sigma_1\dfrac{x_2}{N_2}\right) \\ \dot{x}_2(t)=r_2x_2\left(1-\sigma_2\dfrac{x_1}{N_1}-\dfrac{x_2}{N_2}\right). \end{cases} \tag{6-3}$$

首先由

$$\begin{cases} r_1x_1\left(1-\dfrac{x_1}{N_1}-\sigma_1\dfrac{x_2}{N_2}\right)=0 \\ r_2x_2\left(1-\sigma_2\dfrac{x_1}{N_1}-\dfrac{x_2}{N_2}\right)=0, \end{cases} \tag{6-4}$$

得到四个平衡点 $P_1(N_1,0)$, $P_2(0,N_2)$, $P_3\left(\dfrac{N_1(1-\sigma_1)}{1-\sigma_1\sigma_2},\dfrac{N_2(1-\sigma_2)}{1-\sigma_1\sigma_2}\right)$, $P_4(0,0)$.

当 σ_1，σ_2 同时小于 1 或同时大于 1 时，P_3 位于第一象限，此时

$$\begin{bmatrix} f_{x_1} & f_{x_2} \\ g_{x_1} & g_{x_2} \end{bmatrix}=\begin{bmatrix} r_1\left(1-\dfrac{2x_1}{N_1}-\dfrac{\sigma_1x_2}{N_2}\right) & -\dfrac{r_1\sigma_1x_1}{N_2} \\ -\dfrac{r_2\sigma_2x_2}{N_1} & r_2\left(1-\dfrac{\sigma_2x_1}{N_1}-\dfrac{2x_2}{N_2}\right) \end{bmatrix}. \tag{6-5}$$

因此，当 $\sigma_1<1,\sigma_2<1$ 时，P_3 是局部稳定的. 类似可以计算另外三个平衡点的局部稳定性.

非线性系统全局的相轨线分析较为复杂，目前也没有能够一键式分析的数学软件. 如果尝试理论分析，可以记

$$\varphi(x_1,x_2)=1-\frac{x_1}{N_1}-\sigma_1\frac{x_2}{N_2}, \tag{6-6}$$

$$\psi(x_1,x_2)=1-\sigma_2\frac{x_1}{N_1}-\frac{x_2}{N_2}. \tag{6-7}$$

则 $\varphi=0$ 上出发的点随时间增大没有左右运动的趋势，而 $\psi=0$ 上的点没有上下运动的趋势，再结合上文介绍的局部平衡点类型分析，对于较为简单的情形，可以大致勾勒出相图的整体趋势，如图 6-4 所示，并据此分析两个物种在不同参数和初值条件下的竞争结果.

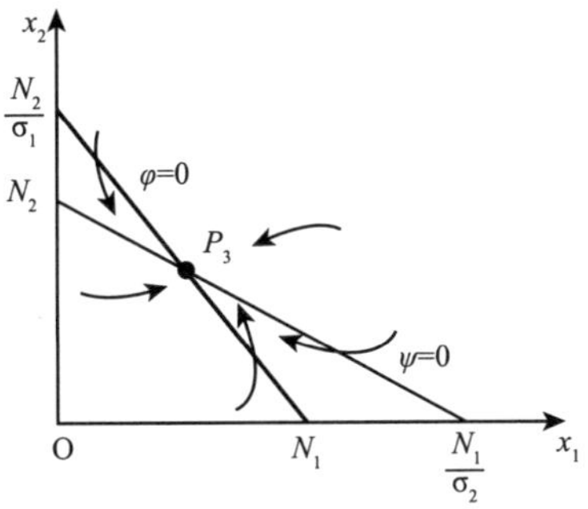

图 6-4　种群竞争关系当 $\sigma_1<1$，$\sigma_2<1$ 时的相图

例 6.4　食饵—捕食者模型

食饵(Prey)—捕食者 (Predator)模型是历史上著名的数学模型，是数学模型成功解读自然界演化机理的典型实例.

意大利生物学家 D′Ancona 从第一次世界大战期间地中海各港口捕获的鱼类数据中，发现鲨鱼（捕食者）的比例有明显的增加. 由于各鱼种捕捞比例基本稳定，于是这代表了地中海渔场中鲨鱼比例的增加.

战争中人类对各种鱼的捕捞量有大幅度下降，但很难解释为什么鲨鱼比例会增加. 于是他求助于他的朋友——著名的意大利数学家 Volterra，Volterra 用一个简单的数学模型解答了 D′Ancona 的问题.

记食饵（食用鱼）和捕食者（鲨鱼）的数量分别为 x,y，则其满足的演化方程可以表示为

$$\begin{cases}\dot{x}(t)=x(r-ay)=rx-axy\\ \dot{y}(i)=y(-d+bx)=-dy+bxy.\end{cases} \tag{6-8}$$

这里，食饵自身的增长项没有采取 logistic 阻滞增长形式，而采用了指数增长的形式，一方面是考虑到食用鱼在大海中的增长近似可以看成无上限约束的，另一方面是便于下面的数学理论分析.

可以判断出方程(6-8)的平衡点 $\left(\frac{d}{b},\frac{r}{a}\right)$ 处在临界状态，不能借助 Hartman 定理判断该点附近的轨道结构，考虑将式(6-8)中的两式相除，得到

$$\frac{\mathrm{d}x}{\mathrm{d}y}=\frac{x(r-ay)}{y(-d+bx)}, \tag{6-9}$$

这是变量分离的方程，求解得

$$(x^{d}\mathrm{e}^{-bx})(y^{r}\mathrm{e}^{-ay})=C, \tag{6-10}$$

其中常数 C 由初始条件确定. 利用数学分析知识可以证明，对于取值范围内的任意 C，式(6-10)表现为一条闭合的曲线，即原方程组在第一象限内不动点 $\left(\frac{d}{b},\frac{r}{a}\right)$ 是中心型的不动点，其相图参见图 6-5.

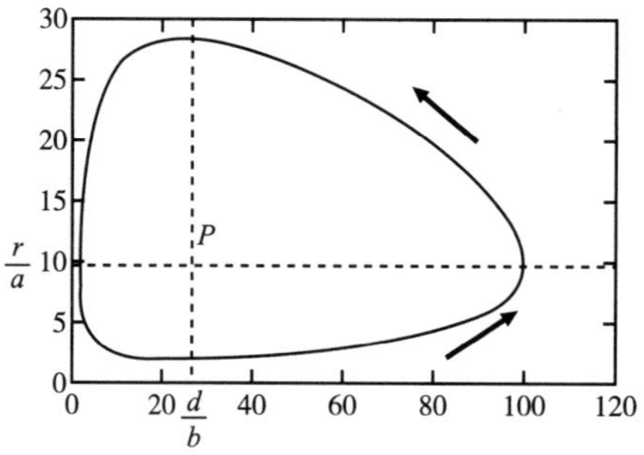

图 6-5 食饵捕食者模型相轨线图

进一步，将式(6-8)中的第二式改写为

$$x(t)=\frac{1}{b}\left(\frac{\dot{y}}{y}+d\right),$$

左右两边在一个周期内积分，注意到 $y(T)=y(0)$，可以算出一个周期内的平均值

$$\bar{x}=\frac{1}{T}\int_0^T x(t)\,\mathrm{d}t=\frac{1}{T}\left[\frac{\ln y(T)-\ln y(0)}{b}+\frac{dT}{b}\right]=\frac{d}{b},$$

$\bar{y}$ 的求法同理，从而 $x(t)$，$y(t)$ 在一个周期内的平均值正是第一象限的中心点的坐标 $\left(\frac{d}{b},\frac{r}{a}\right)$.

利用这一点就可以解释，战争期间捕食量下降为什么会使鲨鱼（捕食者）的比例有明显的增加. 这是因为，参数 a，b 用于刻画不同鱼之间的相互影响，可以视为与人类活动无关；而战争期间人类对不同鱼的捕捞量均有减少，体现为参数 r 增加，d 减少，因而从一

个周期内的平均值$(\frac{d}{b},\frac{r}{a})$来看，鲨鱼的比例有明显增加.

例 6.5　Lorenz 天气预报系统

著名气象学家 Lorenz 在 1963 年发表经典论文 *Deterministic Nonperiodic Flow*，揭示了天气预报计算过程中存在的混沌现象，也就是著名的蝴蝶效应.

计算表明对于不含随机项的三维常微分方程组(6-11)，在某些特殊参数时(如 $\sigma=10$，$\rho=28$，$\beta=\frac{8}{3}$)，由于系统对于初值的高度敏感性，会产生类似“随机”的现象，其相图参见图 6-6.

$$\begin{cases} \dot{x}=\sigma(y-x) \\ \dot{y}=x(\rho-z)-y \\ \dot{z}=xy-\beta z \end{cases} \tag{6-11}$$

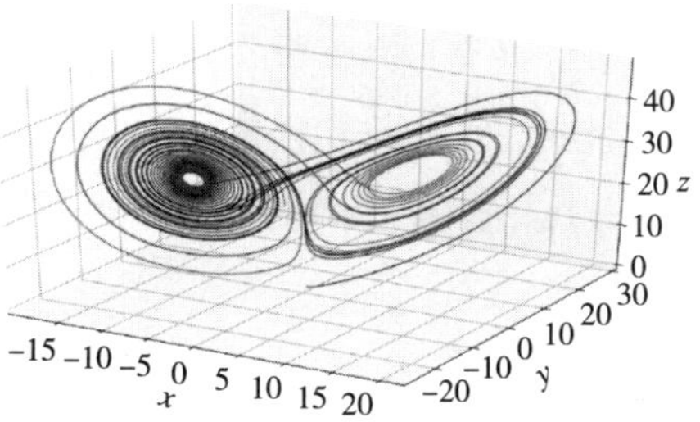

图 6-6　Lorenz 系统的相图

由于该现象的存在，一般认为天气变化是短期可预报，而长期不可预报的. 我们不严格讨论该模型的建立过程，只是简单提示，对于高维常微分方程组，其动力学现象可能远比二维复杂，存在混沌等奇异的现象等待我们探寻.

第 7 章　数学规划模型

【学习目标与要求】

1. 了解数学规划模型的常见类型；
2. 掌握线性规划和非线性规划建模方法；
3. 熟悉经典的整数规划和 0—1 规划模型.

数学规划也称数学优化，是最常用的建模方法之一，其数学模型可表示为

$$\begin{aligned}&\min(\text{or }\max)\ z=f(x)\\&\text{s.t. }\ g_i(x)\leqslant 0,\ i=1,2,\cdots,m.\\&\qquad h_i(x)=0,\ i=1,2,\cdots,n.\end{aligned}$$

将现实问题提炼转化成数学问题时，相当多的问题可以概括为某个评价角度最快、最慢、最优、最省等形式，并进一步转化为某个指标最大或最小的形式，从而将实际问题转化为优化问题. 即使表面看是其他数学分支对应的实际问题，比如前面提及的常微分方程模型，其背景问题里也常蕴含与优化相关的问题，例如，寻找最优的参数，使某个物种的极限数量最大等. 因此有学者称优化是数学建模的灵魂.

7.1　线性规划模型

简单线性规划模型的建模过程与微积分课程中求极值的应用题差别不大，且函数形式

为线性函数，故不再赘述，仅举一例.

例 7.1 某工厂生产两种产品，单位利润分别为 200 和 300，每日最大生产量分别为 100 和 120. 生产每个单位甲产品需要 1 个单位的劳动，生产每单位乙产品需要 2 个单位的劳动. 每日工人能提供 160 个单位的劳动，应如何安排生产计划，才能使每日总获利最大?

设两种产品的日生产量为 x_1 和 x_2，则容易建立如下模型：

$$\max\ Z = 200x_1 + 300x_2$$

$$\text{s.t.}\begin{cases} x_1 + 2x_2 \leqslant 160 \\ x_1 \leqslant 100 \\ x_2 \leqslant 120 \\ x_1, x_2 \geqslant 0. \end{cases}$$

运筹学有专门的章节讨论该问题的求解方法，不过目前很多算法已经集成到数学软件中. 因此我们更多关注如何建立优化模型，而将模型求解尽可能交给数学软件完成.

例如，LINGO 就是一个专门以求解运筹学问题为主的专业数学软件，除了求解算法上较为成熟之外，其最大的优势之一是代码形式与理论模型高度相似，具有极高的上手度. 以上面的模型为例，其 LINGO 程序代码可以为：

```
max = 200 * x1 + 150 * x2;
x1 + 2 * x2 < 160;
x1 < 100; x2 < 120;
```

可以对比以上代码与理论模型的形式差异，猜测 LINGO 程序的写法，并在实验环节上机验证. 该程序的主要输出结果如下：

Global optimal solution found at iteration:2

Objective Value: 29000.00

Variable	Value	Reduced Cost
X1	100.0000	0.000000
X2	30.00000	0.000000
Row	Slack or Surplus	Dual Price
1	29000.00	1.000000
2	0.000000	150.0000
3	0.000000	50.00000
4	90.00000	0.000000

该结果表明：运行 2 步找到全局最优解（对于线性问题而言局部最优即为全局最优），在自变量 $x_1 = 100, x_2 = 30$ 时，最优解为 29000.

输出结果的第二部分分别列出了代码中四行的“Slack or Surplus”与“Dual Price”. 其中，对于“<”型不等式，在最优值的右边减左边的差值称为 Slack（松弛），反之，对于“>”型不等式，左边减右边的差值称为 Surplus（剩余）. 例如第 4 行的 Slack or Surplus 是 90，是由于取最优值时 $x_2 < 120$ 这个约束条件里，x_2 取的是 30，与 120 的差值为 90.

而 Dual Price 译为影子价格，以第 3 行为例，该行的影子价格为 50，意味着第一种产品的日生产量上限从 100 增加至 101 时，重新求解优化问题，其最优解将从 29000 增加至 29050. 同样容易看出，第 4 行的影子价格为 0，因为其 Slack or Surplus 已经大于 0，增加约束条件的上限不会改变最优解. 可以通过实验环节进一步理解相关结果.

7.2 非线性规划模型

非线性规划模型的目标函数或约束条件中含有非线性函数，其构建模型的方法与线性规划没有本质区别，但求解时可能会出现陷入局部最优，并且不是随手写出的模型都便于理论和数值求解，但考虑到课程难度，我们将求解过程交给软件，而不纠结求解原理，如果得到的最优解明显不是全局最优，建议通过调整迭代初值等方法尝试修正.

例 7.2 某国家的全球定位系统 GPS 由 24 颗等间隔分布在六个轨道平面距地面高度为 2020 公里的卫星组成.

在建立地心坐标系（geocentric coordinate system，以地球质心为原点建立的空间直角坐标系）后，现可给出其中 4 颗卫星的坐标$(x_i, y_i, z_i), (i = 1, 2, 3, 4)$，需要根据 GPS 信号从第 i 颗卫星到接收机所用时间 t_i确定接收机位置(x, y, z).

其中，这 4 颗卫星的钟差限记为 $\delta_i, (i = 1, 2, 3, 4)$（钟差可理解为在接收信号等过程中产生的时间误差，钟差限即为钟差可能的上限），光速为 c.

根据已知信息，第 i 颗卫星到接收机的几何距离为

$$D_i = \sqrt{(x - x_i)^2 + (y - y_i)^2 + (z - z_i)^2}, (i = 1, 2, 3, 4).$$

故若考虑绝对误差，则问题的数学模型可以写作

$$\min D = \sum_{i=1}^{4} (ct_i - D_i)^2.$$

若考虑相对误差，则问题的数学模型为

$$\min \delta = \sum_{i=1}^{4}\left(\frac{ct_i - D_i}{c\delta_i}\right)^2.$$

请自行给定必要常数后，将上述模型分别代入数学软件求解，比较结果的差异，分析产生差异的原因，并简单评价哪个模型相对更为合理.

7.3　整数规划模型

整数规划指决策变量表达的含义为人数等只能取整数的情形，这里也只举一个典型例题.

例 7.3　某服务部门各时段需要的服务人数见表 7－1. 按规定，服务员连续工作 4 个时段为一班. 现要求安排服务员的工作时间，使服务部门服务员总数最少.

表 7－1　　**服务部门各时段所需服务人数**

时段	1	2	3	4	5	6	7	8
服务员最少需求数	10	8	9	11	13	8	5	3

该问题的关键在于选择自变量，设在第 j 时段开始上班的服务人员数为 x_j，可以使问题简化，对应的该问题的数学模型为

$$\min Z = x_1 + x_2 + x_3 + x_4 + x_5$$

$$\text{s.t.}\begin{cases} x_1 \geqslant 10 \\ x_1 + x_2 \geqslant 8 \\ x_1 + x_2 + x_3 \geqslant 9 \\ x_1 + x_2 + x_3 + x_4 \geqslant 11 \\ x_2 + x_3 + x_4 + x_5 \geqslant 13 \\ x_3 + x_4 + x_5 \geqslant 8 \\ x_4 + x_5 \geqslant 5 \\ x_5 \geqslant 3 \\ x_1,\ x_2,\ x_3,\ x_4,\ x_5 \geqslant 0，\text{且均取整数值.} \end{cases}$$

7.4 0—1 规划模型

0—1 规划指决策变量只能取 0 或 1 的规划问题，引入适当的决策变量，其取 1 表示“是”或“有”，0 表示“否”或“无”，可以将很多问题转化为规划模型. 0—1 规划的构建是比较有技术含量和“趣味性”的，为便于初学者理解和运用，这里举出几个常见例子.

例 7.4 指派问题

分配甲、乙、丙、丁、戊去完成 A,B,C,D,E 五项任务，每人完成一项，每项任务只能由一个人去完成，五个人分别完成各项任务所需时间如表 7－2 所示，试作出任务分配使总时间最少.

表 7－2 各人完成各项任务所需时间

项目	A	B	C	D	E
甲	8	6	10	9	12
乙	9	12	7	11	9
丙	7	4	3	5	8
丁	9	15	8	11	8
戊	4	6	7	5	11

用 0—1 变量 x_{ij}表示分配情况，$x_{ij}=1$ 表示指派第 i 个人完成第 j 项任务，$x_{ij}=0$ 表示不分配. 令 c_{ij}表示人员 i 完成任务 j 所需要的时间. 则上述问题可以表示为如下 0—1 规划：

$$\min Z = \sum_{i=1}^{5}\sum_{j=1}^{5} c_{ij}x_{ij}$$

$$\text{s.t.}\begin{cases}\sum_{i=1}^{5} x_{ij} = 1,\ j = 1,2,\cdots,5\\ \sum_{j=1}^{5} x_{ij} = 1,\ i = 1,2,\cdots,5\\ x_{ij} = 0 \text{ 或 } 1.\end{cases}$$

例 7.5 装箱问题

已知 30 个物品，其中 6 个长 0.51m，6 个长 0.27m，6 个长 0.26m，余下 12 个长

0.23m，箱子长 $L(m)$. 问最少需多少个箱子才能把 30 个物品全部装进箱子.

假设预先准备的箱子总数为 30 个，即每件物品单独装一个箱子也够用，设各个箱子的长度为 $w_i(i=1,2,\cdots,30)$，选取 0—1 变量 y_j，$y_j=1$ 表示使用箱子 $j(j=1,2,\cdots,30)$，选取 0—1 变量 x_{ij}，$x_{ij}=1$ 表示 i 件物品是否放入第 j 个箱子中，建立 0—1 规划模型如下：

$$\min Z = \sum_{j=1}^{30} y_j$$

$$\text{s.t.}\begin{cases}\sum_{i=1}^{30} w_i x_{ij} \leqslant L y_j,\ j = 1,2,\cdots,30 \\ \sum_{j=1}^{30} x_{ij} = 1,\ i = 1,2,\cdots,30 \\ y_j = 0 \text{ 或 } 1,\ j = 1,2,\cdots,30 \\ x_{ij} = 0 \text{ 或 } 1,\ i,j = 1,2,\cdots,30.\end{cases}$$

例 7.6　资金分配问题

设有 n 个投资项目：$I_1,I_2,\cdots,I_n$，m 年内逐年投入资金 $b=(b_1,b_2,\cdots,b_m)$，其中 b_i 为第 i 年的投资金额，以及投资矩阵 $A=(a_{ij})_{m\times n}$，其中 $a_{ij}=$ 第 i 年项目 I_j 所需投入的金额. 利润 $C=(c_1,c_2,\cdots,c_n)$，c_i 为 I_i 项目的利润.

资金分配问题即在提供的资金允许的条件下，求利润最高的投资决策.

设 0—1 变量 x_i，$x_i=1$ 表示选取第 i 投资项目，否则 $x_i=0$. 建立 0—1 规划模型如下：

$$\max Z = c_1x_1 + c_2x_2 + \cdots + c_nx_n$$

$$\text{s.t.}\begin{cases} a_{11}x_1 + a_{12}x_2 + \cdots + a_{1n}x_n \leqslant b_1 \\ a_{21}x_1 + a_{22}x_2 + \cdots + a_{2n}x_n \leqslant b_2 \\ \cdots\cdots \\ a_{m1}x_1 + a_{m2}x_2 + \cdots + a_{mn}x_n \leqslant b_m \\ x_i = 0 \text{ 或 } 1,\ i = 1,2,\cdots,n.\end{cases}$$

例 7.7　背包问题

已知 n 个物品分别重 $a_1,a_2,\cdots,a_n$ 单位，价值分别为 $c_1,c_2,\cdots,c_n$. 现从中取出若干个装进背包，使总重量不超过 b，但价值达到最大.

设 0—1 变量 x_i，$x_i=1$ 表示第 i 个物品被选中，否则 $x_i=0(i=1,2,\cdots,n)$. 建立 0—1 规划模型如下：

$$\max Z = c_1x_1 + c_2x_2 + \cdots + c_nx_n$$

$$\text{s.t.}\begin{cases} a_1x_1 + a_2x_2 + \cdots + a_nx_n \leqslant b \\ x_i = 0 \text{ 或 } 1, i = 1,2,\cdots,n.\end{cases}$$

第 8 章　多目标规划及决策论模型

【学习目标与要求】

1. 掌握目标规划模型建模及求解流程；
2. 了解多目标规划问题的常见解决方法；
3. 了解风险决策和不确定性决策问题的一般处理方法.

实际问题中，优化的目标往往并不唯一，例如，学生想要每一门课的成绩都尽可能高，在择偶时希望对方的各方面条件都尽可能好，等等. 这就是所谓的多目标规划问题.

8.1　目标规划模型

一般而言，多目标规划是不存在理论意义上的唯一解的，然而由于实际中又极其普遍，因此我们需要专门讨论一下多目标规划问题常见的转化处理方式. 其中最重要的一种就是将多目标规划（Multi-objective Programming）转化为目标规划（Goal Programming）.

目标规划主要满足两个条件：其一，要考虑的多个目标有比较明显的优先级次序；其二，每一个目标有一个“目标”参考值. 如例 8.1 所示.

例 8.1

某企业生产甲、乙两种产品，需要用到 A,B,C 三种设备，关于产品的盈利与使用设备的工时及限制如表 8－1 所示：

表 8－1　　**产品相关数据**

	甲	乙	设备生产能力/h
A/(h/件)	2	2	12
B/(h/件)	4	0	16
C/(h/件)	0	5	15
盈利/(h/件)	200	300	

问企业应如何安排生产，才能达到以下目标：

(1) 力求使利润指标不低于 1500 元；

(2) 考虑到市场需求，甲、乙两种产品的产量比应尽量保持为 1:2；

(3) 设备 A 为贵重设备，严禁超时使用；

(4) 设备 C 可以适时加班，但要控制；设备 B 既要求充分利用，又尽可能不加班，在重要性上，设备 B 是设备 C 的 3 倍.

建立相应的目标规划模型并求解.

解：首先，最重要的指标是企业的利润，因此将它的优先级列为第一级；其次，甲、乙两种设备的产量保持 1:2 的比例，列为第二级；再次，设备 B，C 的工作时间要有所控制，列为第三级，且设备 B 前的系数是设备 C 前面系数的三倍. 设生产甲、乙两种产品的件数分别为 x_1,x_2，引入正、负偏差变量，d^+,d^- 分别表示决策值超过或不足目标值的部分. $d^+,d^-\geqslant 0$ 且 $d^+,d^-=0$. 用 P_1,P_2,P_3 表示赋予各级目标的权重，通常有 $P_1\gg P_2\gg P_3>0$，相应的目标规划模型为

$$\min z=P_1d_1^-+P_2(d_2^++d_2^-)+P_3(3d_3^++3d_3^-+d_4^+)$$

$$\text{s.t.}\begin{cases}2x_1+2x_2\leqslant 12\\200x_1+300x_2+d_1^--d_1^+=1500\\2x_1-x_2+d_2^--d_2^+=0\\4x_1+d_3^-+d_3^+=16\\5x_2+4d_4^--d_4^+=15\\x_1,x_2,d_i^+,d_i^-\geqslant 0,i=1,2,3,4.\end{cases}$$

这一模型可以利用 LINGO 软件求解，参见本书例 23.5.

8.2 多目标规划问题的其他常见解法

除了转化为目标规划问题以外，多目标规划问题还有一些常见的转化方法，我们以投资组合问题为例说明.

投资组合问题是指，假设已知 n 种独立的风险投资方案，第 i 种方案 X_i 的期望收益为 μ_i，收益标准差为 σ_i. 目的是寻求一种最优投资组合，即

$$X = k_1X_1 + k_2X_2 + \cdots + k_nX_n, \sum_{i=1}^{n} k_i = 1$$

这里只考虑不允许空头（即系数 $k_i \geqslant 0$ 的情形）的情况，但是否允许空头对本节讨论主题影响不大.

在风险厌恶假设的前提下，最优投资组合指的是，组合的期望收益尽可能高，方差尽可能小. 此时期望收益高和方差小可以看成是两个不同的目标，可以视为多目标规划问题. 该问题没有一般意义上的唯一解，通常采取以下几种方式转化处理：

（1）直接将不同目标做简单的组合，形成单一的新目标. 例如，将原问题转化为

$$\max EX - \omega DX.$$

考虑到求解时求导方便，组合系数 ω 常取$\frac{1}{2}$等值.

（2）在某一目标固定的条件下，优化另一目标. 即将原问题转化为

$$\min DX$$

$$\text{s.t. } EX \geqslant \mu_0.$$

其中，μ_0 是某个既定的收益下限，例如 10%.

（3）将多目标规划问题转化为目标规划问题，但对于投资组合这种双目标规划问题而言，其解其实与（2）是等价的.

（4）更一般的做法是先计算可行集，即所有可能的投资组合对应的期望—方差集合，此时 $EX = k_1\mu_1 + k_2\mu_2 + \cdots + k_n\mu_n, DX = k_1\sigma_1^2 + k_2\sigma_2^2 + \cdots + k_n\sigma_n^2$. 多个资产投资组合问题的可行集如图 8－1 阴影部分所示. 图 8－1 中阴影部分任意两个点对应了（至少）两种可行的投资方案，一般而言不同方案之间很难严格比较优劣. 但其中有一些方案可以被认为是较差的，例如在风险厌恶的前提下，图中顶点 F 一定不如顶点 A，因为前者收益较低且风险较高.

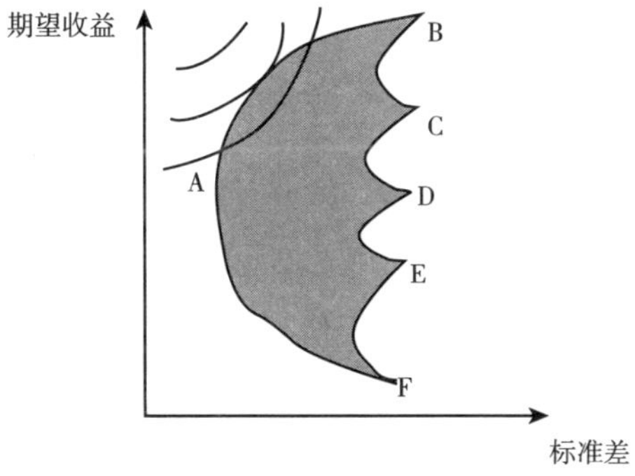

图 8 - 1　多资产投资组合问题的可行集

如果对于可行集中的一点 X，不存在可行集中的其他点 Y，使得 Y 的每个分量都大于 X 的对应分量，则称 X 为非劣解，也称为**帕累托最优**的. 非劣解构成的集合称为非劣集. 在风险厌恶的前提下，非劣解集即为图中 AB 段弧，经济学也常称其为有效前沿.

理论上讲，如果不改变原始问题或增加附加条件，非劣集即是投资组合问题的理论解. 如果一定要得到某种意义的唯一最优解，可以再增加其他条件，例如引入无差异曲线的概念，参见图 8 - 1. 根据经典效用理论，在风险厌恶前提下，无差异曲线是平面上一族曲线，其中会有一条与弧 AB 相切，切点即为所要的唯一解.

Markowitz 从这一思想出发，建立了投资组合理论，成为现代金融投资理论的基础. Markowitz 的理论被誉为华尔街的第一次革命，他本人获得 1990 年诺贝尔经济学奖.

以上过程均是在风险厌恶前提下进行的，如果将该假设改成风险中性或者风险喜好，结论会有什么样的不同?

8.3　决策论模型

决策问题是与规划问题密切相关的一类问题，指的是所讨论的问题有几种可行的方案，在优化的基础上选择其中一种最优方案的问题. 通常更关心的是多目标或者带有随机性的决策问题. 这里简单介绍两类常见问题:

其一，如果问题包含了随机性，且每种情况发生的可能性及其后果均为已知的，我们称其为**随机决策**. 通常通过优化目标变量的期望值即可完成决策，如例 8.2 所示.

例 8.2　某石油公司拥有一块可能产油的土地，根据可能出油的多少，该块土地具有四种状态：可产油 50 万桶、20 万桶、5 万桶、不产油.

公司目前有 3 个方案可供选择：自行钻井，无条件地将该块土地出租给其他生产者，和有条件地租给其他生产者.

若自行钻井打出一口有油井的费用是 10 万元，打出一口无油井的费用是 7.5 万元，每一桶油的利润是 1.5 元. 若无条件出租，不管出油多少，公司收取固定租金 4.5 万元；若有条件出租，公司不收取租金，但当产量为 20 万桶至 50 万桶时，每桶公司收取 0.5 元. 由上述信息计算得到该公司有可能的利润收入，见表 8－2.

表 8－2　　石油公司的可能利润收入表　　单位：元

项目	50 万桶（S_1）	20 万桶（S_2）	5 万桶（S_3）	无油（S_4）
自行钻井 A_1	650000	200000	－25000	－75000
无条件出租 A_2	45000	45000	45000	45000
有条件出租 A_3	250000	100000	0	0

按以往经验，该块土地具有上面四种状态的可能性分别为 10%，15%，25%，50%. 则该公司应选择哪种方案，可获得最大利润？

容易计算知

$E(A_1)=0.1\times650000+0.15\times200000+0.25\times(-25000)+0.5\times(-75000)=51250$（元）

$E(A_2)=0.1\times45000+0.15\times45000+0.25\times45000+0.5\times(-45000)=45000$（元）

$E(A_3)=0.1\times250000+0.15\times100000+0.25\times0+0.5\times0=40000$（元）

则根据期望收益最大原则，应选择方案 A_1，即自行钻井.

其二，如果我们只知道有哪些情况可能发生，但其发生的概率是未知的，称为**不确定性决策**. 由于此时的概率是未知的，无法通过求数学期望来帮助完成决策，我们一般采取一些特殊原则来进行决策，例如所谓的“最大最大”“最小最小”“最大最小”“最小最大”等原则，如例 8.3 所示.

例 8.3　某制衣厂准备生产牛仔裤，根据以往经验，产品的销量可能为 1000，2000，3000，4000 件 4 种，每件成本为 25 元，销售 35 元. 若一周内卖不出，则只能降价至 20 元出售. 现在考虑生产 1000，2000，3000，4000 件这四种方案，问哪种为最优的生产方案？

由已知条件可得各方案的收益表如表 8－3 所示. 以“最大最大”原则为例，对该问题进行求解. 计算每个方案的最大收益值如表 8－4.

表 8-3 各方案收益表 单位：元

方案	销量 1000 件	销量 2000 件	销量 3000 件	销量 4000 件
生产 1000 件（A_1）	10000	10000	10000	10000
生产 2000 件（A_2）	5000	20000	20000	20000
生产 3000 件（A_3）	0	15000	30000	30000
生产 4000 件（A_4）	-5000	10000	25000	40000

表 8-4 各方案中的最大收益值 单位：元

方案	生产 1000 件（A_1）	生产 2000 件（A_2）	生产 3000 件（A_3）	生产 4000 件（A_4）
最大值	10000	20000	30000	40000

取各最大值的最大值，$\max\{10000,20000,30000,40000\}$，故选取方案 A_4. 用其他原则，可能会得到不同的结果，读者可以自行尝试.

第 9 章　博弈论模型

【学习目标与要求】

1. 理解纳什均衡和帕累托最优等博弈论基本概念；
2. 掌握拍实理论等经典经济学博弈模型；
3. 掌握合作博弈的夏普利值和核仁法的分配方式.

博弈论是现代应用数学的重要分支，最初源自棋牌、赌博、战争中的胜负问题. 中国古代著名军事著作《孙子兵法》就蕴含了深刻的博弈论原理. 冯·诺依曼在 1928 年关于非合作二人零和博弈的“最小最大定理”，以及冯·诺依曼和摩根斯坦于 1944 年共著的划时代巨著《博弈论与经济行为》，共同奠定了博弈论基础理论体系.

20 世纪 50 年代，纳什、夏普利和吉利斯等著名学者相继提出了讨价还价模型、囚徒困境、重复博弈等概念，极大地丰富了博弈论领域的理论. 1972 年，专业期刊 *International Journal of Game Theory* 创刊，随后产生了拍卖理论、激励理论等博弈理论. 博弈论逐渐成为经济学的基本数学理论，并迅速应用于其他自然与社会领域，成为目前各学科普遍应用的科学研究方法之一.

博弈论研究非合作博弈和合作博弈两个类型的问题. 非合作博弈研究关心的是参与者的策略，即如何使自己在博弈中胜出；而合作博弈研究则更关心结果，讨论联盟的利益分配等问题. 诺贝尔经济学奖获得者罗伯特·奥曼认为，合作博弈和非合作博弈并非截然不同，可以看作是研究同一问题的不同视角，即非合作博弈是一种微观理论，而合作博弈则偏重宏观，重点解决在协议条件下的可行解问题.

博弈论是财经社科专业的重要数学工具，一般都会专门开设相关课程. 因此我们只列举其中几个代表性模型，重在关注学习博弈论模型中的基本思想，而尽量不涉及过多的博弈论专业术语.

9.1　非合作博弈模型

纳什均衡和帕累托最优可以看成博弈论中最基本的两个概念.

纳什均衡是指，博弈各方单独背离该状态，均不会带来自身收益的增加. 而帕累托最优是指，不存在另外一个状态，使得至少某一参与者的收益增大，且其他博弈各方的收益均不减小.

以著名的囚徒困境为例，其典型的收益矩阵见表 9 - 1. 根据定义，易见其中（不合作，不合作）是纳什均衡状态，而其他三个状态均为帕累托最优状态.

表 9 - 1　　一个典型的囚徒困境收益矩阵

参与人 1 \ 参与人 2	合作	不合作
合作	(3, 3)	(0, 5)
不合作	(5, 0)	(1, 1)

但均衡的概念可以更为宽泛，比如在例 9.1 中，均衡态就体现为一个函数，而非一个点.

例 9.1　“一口价”交易机制

讨价还价是市场交易的常见模式，买卖双方通过讨价还价充分了解对方对商品价值的估计，从而达到对自身有利的交易方案. 但讨价还价需要消耗时间成本，因此有些市场提出了一口价等交易模式，即双方同时给出报价，如果买家的出价不低于卖家的卖价，则成交，并且成交价等于双方报价的平均值；否则不成交.

为建立数学模型评价该交易模式的效率，假定买卖双方共享如下信息：

1. 买卖双方都知道商品对自己的真实价值 v_b 及 $v(s)$，都不知道商品对对方的真实价值但知道其概率分布，并假定 v_s, v_b 都服从[0,1]上的均匀分布.

2. 对一组给定的（v_s, v_b），如果以价格 p 成交，该交易对商家和顾客的效用分别为

$p-v_s, v_b-p$；如果不成交，双方的效用均为0. 商家和顾客都希望最大化自己的效用.

在以上假设下，记买卖双方的报价函数分别为$p_b(v_b)$和$p_s(v_s)$，它们都是定义在$[0,1]$区间上，取值也在$[0,1]$区间上的非减函数.

确定报价函数的方式是使自身的期望效用最大. 根据前面的假设，买卖双方在考虑报价函数时要决策的目标分别是

$$\max_{p_b}\left\{v_b-\frac{p_b+E[p_s(v_s)\mid p_b\geqslant p_s(v_s)]}{2}\right\}P\{p_b\geqslant p_s(v_s)\} \tag{9-1}$$

和

$$\max_{p_s}\left\{\frac{p_s+E[p_b(v_b)\mid p_b(v_b)\geqslant p_s]}{2}-v_s\right\}P\{p_b(v_b)\geqslant p_s\}. \tag{9-2}$$

这个博弈问题存在很多均衡. 例如，如果双方都采取特定的"单一价格报价"方式，即预先给定$(0,1)$区间上一个数x(例如$x=0.8$)，而后买卖双方按如下报价函数报价：

$$p_s(v_s)=\begin{cases}x, v_s\leqslant x\\1, v_s>x,\end{cases}\quad p_b(v_b)=\begin{cases}x, v_b\leqslant x\\0, v_b<x.\end{cases}$$

容易看出此时的报价函数组合$(p_s(v_s), p_b(v_b))$同时满足式(9-1)和式(9-2).

而如果按照这种方式来进行一口价报价，会失去一些讨价还价模式下可能成交的机会，可以定义这种交易机制的"交易效率"，即在$v_b>v_s$的前提下成交的可能性

$$\eta=\frac{\int_x^1\int_0^x(v_b-v_s)dv_sdv_b}{\int_0^1\int_0^{v_b}(v_b-v_s)dv_sdv_b}=3x(1-x)\leqslant\frac{3}{4}.$$

显然当$x=0.5$时交易效率最大，为75%.

事实上，这里讨论的模型一般称为双向拍卖，是一个同时出价的博弈（静态博弈），而且信息不完全（双方的真实价值是各自的私有信息，对方只知道其分布），所以是一个不完全信息静态博弈. 可以看出，这里的均衡指的是一组报价函数$(p_s(v_s), p_b(v_b))$. 对不完全信息静态博弈，这样的均衡一般称为贝叶斯均衡或贝叶斯—纳什均衡.

请读者思考，如果上述其他条件不变，而买卖双方的报价分别是商品对二者价值的线性函数，即

$$p_s(v_s)=a_s+c_sv_s,\ p_b(v_b)=a_b+c_bv_b.$$

如何确定其中的系数a_s, c_s, a_b, c_b，使报价组合$(p_s(v_s), p_b(v_b))$构成一个均衡，此时市场的交易效率是多少？进一步地，能否用类似的思想评价股市交易中的集合竞价模式的效率？

9.2　合作博弈模型

合作博弈主要研究利益分配的“公平”或成本的“公平”分摊问题. 古希腊哲学家亚里士多德提出，相同的贡献应该得到相同的回报，不同的贡献应得到不同的回报，即“*Equal treatment of equals*, *unequal treatment to unequals*”. 1881 年，埃奇沃斯在《数学心理学》一书中建立了一个参与人数有限的联盟博弈的交换经济模型，提出用契约曲线来描述存在重定契约的结果，被认作是现代合作博弈的起源.

1953 年，夏普利提出了夏普利值（*Shapley Value*）的概念，从公理化的角度对主观的“公平”和“合理”两个性质进行了描述，并进一步证明了夏普利值是满足匿名的、有效的、可加的和虚拟的四个性质的唯一解. 这是学者首次利用数学公理化的思想对“公平”问题进行了系统阐述. 公理化体系的建立，标志着合作博弈理论逐渐成熟.

设集合 $I=1,2,\cdots,n$，对于 I 的任意子集 S，用 $v(S)$ 表示子联盟 S 的合作收益，假定其满足 $v(\varnothing)=0$ 及 $(s_1\cup s_2)\geqslant v(s_1)+v(s_2),s_1\cap s_2=\varnothing$.

夏普利值建议第 i 个人分别分配 x_i，

$$x_i=\sum_{s\in S_i}\omega(|s|)[v(s)-v(s\setminus i)],\ i=1,2,\cdots,n. \tag{9-3}$$

其中，S_i 是 I 中包含 i 的所有子集，$|s|$ 是子集 s 中的元素数目（人数），$s\setminus i$ 表示 s 去掉 i 之后的集合，权重 $\omega(|s|)$ 为

$$\omega(|s|)=\frac{(n-|s|)!(|s|-1)!}{n!}.$$

例 9.2　甲乙丙三人经商，单干每人能获利 1 元，甲乙合作可获利 7 元，甲丙合作可获利 5 元，乙丙合作可获利 4 元，三人合作则可获利 11 元. 试给出三人合作时对 11 元的一种公平合理的分配方案.

表 9-2　　**三人经商中甲的分配 x_1 的计算**

s	1	$\{1,2\}$	$\{1,3\}$	I
$v(s)$	1	7	5	11
$v(s/1)$	0	1	1	4
$v(s)-v(s/1)$	1	6	4	7

续表

s	1	$\{1,2\}$	$\{1,3\}$	I
$\lvert s \rvert$	1	2	2	3
$\omega(\lvert s \rvert)$	$\frac{1}{3}$	$\frac{1}{6}$	$\frac{1}{6}$	$\frac{1}{3}$
$\omega(\lvert s \rvert)[v(s)-v(s/1)]$	$\frac{1}{3}$	1	$\frac{2}{3}$	$\frac{7}{3}$

将表 9－2 中的计算结果代入公式(9－3)，可得夏普利值的计算结果为 $x_1=\frac{13}{3}$，类似可算出 $x_2=\frac{23}{6}, x_3=\frac{17}{6}$.

仔细观察夏普利值的解的形式，可以看出，它与排列组合有密切关联，实际上，它可以看成是把边际收益 $v(s)-v(s/i)$ 按一些组合方式“平均分配”而得，其中前面的权重 $\omega(\lvert s \rvert)$ 的分母即 n 个参与者全排列的可能性，分子即固定第 i 个参与者在第 $\lvert s \rvert+1$ 位置上的前提下，n 个参与者全排列的可能性. 读者可据此理解“平均”的含义.

夏普利值具有便于理解和计算等优点，但并非绝对意义上的唯一解，它通常偏袒强者，可用于各方实力相差不大的情况. 也有学者从其他角度提出新的刻画“公平性”的公理，并提出了以“核仁法”为代表的其他利益分配方案. 1975 年，Sobolev 证明了核仁法是满足匿名性、零独立性以及约简博弈性的唯一解，完成了核仁法的公理化. 核仁法的基本思想可以概括为，“最大化最小满意度”或者“最小化最大不满意度”.

例 9.3 仍以上述三人合作经商问题为例，核仁法可以视为求解

$$
\begin{aligned}
&\max_{x\in B}\ \min_{S\subset N} e(x,S)\\
&=\max_{x\in B}\ \min\{e(x,1),e(x,2),e(x,3),e(x,12),e(x,13),e(x,23)\}\\
&=\max_{x\in B}\ \min\{x_1-v(1),x_2-v(2),x_3-v(3),x_1+x_2-v(12),x_1+x_3-v(13),x_2+x_3-v(23)\}
\end{aligned}
$$

代入数学软件计算可知，核仁法的分配 $x_1=5.5, x_2=5, x_3=2.5$. 可以与夏普利值的解进行对比分析.

从福利经济学的角度来看，夏普利值和核仁法的同时存在，符合“公平—效率困境”(Equality－Efficiency Dilemma) 理论. 其中，夏普利值的分配方式是功利主义（Utilitarian）的观点，认为可以在一定程度上牺牲某些参与者个体的效用，从而提高社会整体的福利；而核仁法的分配方式则符合平均主义（Egalitarian）的思想，认为社会福利应该侧重关心个体的效用水平，承认帕累托最优原则，即分配方案应使每个参与者的效用函数尽

可能最大化，从而不能在不同参与人之间存在交叉补贴.

公平是相对的，没有绝对的公平. 但由于夏普利值和核仁法均为公理化的结果，再加上计算特别较为简单，所以都是常用的收益分配方案，尤其是夏普利值. 但二者应用时需要已知所有可能子联盟的收益，这点通常需要另外的技术处理.

第 10 章　概率论模型

【学习目标与要求】

1. 了解常见分布类型与实际问题的对应关系；
2. 了解以古典概率为代表的简单概率模型；
3. 熟悉常见的随机数学模型，及处理随机变量的方法.

确定性与随机性是对立统一的. 但对于金融市场等问题，由于系统中有大量的不可控制的因素，通常需要视为随机性问题处理. 概率模型是现代数理经济和数理金融的重要理论工具. 本讲将介绍一些常见的概率论相关模型.

10.1　古典概率模型

概率模型里最基础的一类是古典概率模型.

例 10.1　伪阳性检验与二次复查

某地区居民的肝癌发病率为 0.0004，现用甲胎蛋白法进行普查. 医学研究表明，化验结果是存在错误的. 已知患有肝癌的人其化验结果 99% 呈阳性，而没患肝癌的人其化验结果 99.9% 呈阴性.

若记 A 为事件“检查结果呈阳性”，B 为事件“被检查者患有肝癌”，由已知，

$$P(B)=0.0004, P(\overline{B})=0.9996, P(A \mid B)=0.99, P(A \mid \overline{B})=0.001.$$

现某人的检验结果呈阳性，则根据 Bayes 公式，他真的患肝癌的概率是

$$P(B \mid A)=\frac{P(B)P(A \mid B)}{P(B)P(A \mid B)+P(\overline{B})P(A \mid \overline{B})}=0.284,$$

这表明，在检查结果呈阳性的人中，真患肝癌的人不到 30%. 但如果对首次检查得阳性的人群再进行复查，此时 $P(B)=0.284$，再用 Bayes 公式计算得

$$P(B \mid A)=\frac{0.284 \times 0.99}{0.284 \times 0.99+0.716 \times 0.001}=0.997,$$

这说明二次复查可以有效提升检验精度.

例 10.2　选举过程中领先与最终获胜的关系

一次不允许弃权的选举有甲、乙两位候选人. 假设每个投票者投给甲、乙的概率相同，记为 $P_{甲}$、$P_{乙}$，且每个人的投票是相互独立的. 我们考虑如下两个事件的概率：

(1) 在甲的总票数比乙多的前提下，在计数过程某给定时刻甲的票数比乙多；

(2) 在计数过程中的某给定时刻甲的票数比乙多的前提下，甲的总票数比乙多.

为表述方便，将过程中任意 t 时刻甲乙的票数分别记为 m_t 和 n_t，且满足 $m_t+n_t=t(t=1,2,\cdots,T)$.

解：(1) 针对问题 (1)，以 A 表示题中所给事件，则

$$P(A)=\frac{P(\text{已知在 T 时刻 } m_T, n_T \text{ 的情况且 } m_t>n_t)}{P(\text{已知在 T 时刻 } m_T, n_T \text{ 的情况})},$$

其中

$$P(\text{已知在 } T \text{ 时刻 } m_T, n_T \text{ 的情况})=C_T^{m_T} P_{甲}^{m_T} P_{乙}^{n_T}.$$

(ⅰ)若 $t \geqslant m_T$，则甲可能在 t 时刻之前拿到 m_T 张选票. 则

$$P(\text{已知在 T 时刻 } m_T, n_T \text{ 的情况且 } m_t>n_t)=\sum_{i=\left[\frac{t}{2}\right]+1}^{m_T} C_t^i C_{T-t}^{m_T-i} P_{甲}^{m_T} P_{乙}^{n_T}$$

从而

$$P(A)=\frac{\sum_{i=\left[\frac{t}{2}\right]+1}^{m_T} C_t^i C_{T-t}^{m_T-i}}{C_T^{m_T}}.$$

(ⅱ)若 $t<m_T$，甲不可能在 t 时刻之前拿到 m_T 张选票，则

$$P(\text{已知在 T 时刻 } m_T, n_T \text{ 的情况且 } m_t>n_t)=\sum_{i=\left[\frac{t}{2}\right]+1}^{t} C_t^i C_{T-t}^{m_T-i} P_{甲}^{m_T} P_{乙}^{n_T},$$

从而

$$P(A)=\frac{\sum_{i=\left[\frac{t}{2}\right]+1}^{t} C_t^i C_{T-t}^{m_T-i}}{C_T^{m_T}}.$$

（2）针对问题（2），以 B 记题中所述事件. 则

$$P(B)=\frac{P(\text{已知在 t 时刻 } m_t,n_t \text{ 的情况且 } m_T>n_T)}{P(\text{已知在 t 时刻 } m_t,n_t \text{ 的情况})},$$

其中

$$P(\text{已知在 } t \text{ 时刻 } m_t,n_t \text{ 的情况})=C_t^{m_t}P_{\text{甲}}^{m_t}P_{\text{乙}}^{n_t}.$$

设甲在 $T-t$ 期间获得了 x 张票（$x\geqslant 0$），那么若要在 T 时刻 $m_T>n_T$，则需：

$$m_t+x>n_t+T-t-x,$$

故需要比较 t 时刻甲乙两人的票数差额（m_t-n_t）和剩余票数（$T-t$）. 当甲乙两人的票数差额较大时，则即使剩余票全部投给乙也能够保证甲的总票数高于乙的总票数，即：

（ⅰ）当 $m_t-n_t>T-t$，则 $P(B)=1$.

（ⅱ）当 $m_t-n_t\leqslant T-(m_t+n_t)$，则：

$$P(\text{已知在 } t \text{ 时刻 } m_t,n_t \text{ 的情况且 } m_T>n_T)=\sum_{i=\left[\frac{t}{2}\right]+1-m_t}^{T-t} C_t^{m_t}P_{\text{甲}}^{m_t}P_{\text{乙}}^{n_t}C_{T-t}^{i}P_{\text{甲}}^{i}P_{\text{乙}}^{T-t-i},$$

此时

$$P(B)=\sum_{i=\left[\frac{T}{2}\right]+1-m_t}^{T-t} C_{T-t}^{i}P_{\text{甲}}^{i}P_{\text{乙}}^{T-t-i}.$$

思考：如果投票概率是未知的，靠现有选票估计，模型需要做出什么变化，结果会怎么样？

10.2 常见分布类型对应的实际问题

为了建立适合的概率模型，需要了解常见分布律或分布函数对应的实际问题. 这里简要总结如下：

两点分布适用于只有两种可能的实际问题，即“是否”类问题. 如产品质量检查问题、新生儿性别登记检查以及常提到的抛硬币试验等.

二项分布常用于每次实验只有两个对立结果的独立重复实验. 常见的二项分布应用场

合有药品的临床效率问题，多件产品的产品质量检查问题，多次抛硬币试验，n 人受保问题等.

泊松分布在商场现代化管理中常用于描述客户数与服务人员数量安排问题、保险公司接到的索赔数及事故发生次数等；在经济生产领域用于描述机器出现故障数、一块产品上的缺陷数等；在人类行为问题中可描述某一服务设施在一定时间内到达的人数，如来到公共汽车站的乘客；在生物领域常用于描述显微镜下单位分区内细菌分布数、单位空间内某些野生动物或昆虫数量等.

负二项分布通常用于描述二项分布事件中第 r 次事件发生的概率，如第 r 次检查到不合格品、第 r 次命中等问题；

几何分布则是负二项分布的特殊情况，用于描述首次事件发生的概率，如首次检查到不合格品、首次命中等.

超几何分布则常用于产品的不放回抽样检验问题，如中奖问题等.

均匀分布是一种较为简单的分布，在理论研究时可以用均匀分布来做初步近似研究. 在日常生活中，汽车轮胎磨损问题、人工栽培的有一定株行距的植物群落等也可以用均匀分布进行抽象概括.

正态分布是最常用的连续分布之一. 除了理论研究外，日常很多问题都可以用正态分布来概括，例如人群的智力、身高呈正态分布；在经济领域中正态分布的应用有员工绩效“活力曲线”；英国生物统计学家设计的高尔顿钉板试验结果也近似呈现正态分布的密度函数图形.

指数分布则常用于“寿命类”问题，如电子元器件的寿命、动物的寿命、电话的通话时间、随机服务系统中的服务时间等.

幂律分布常用于表达系统中个体尺度相差悬殊，如：战争规模分布、人类语言中单词频率的分布、大多数国家姓氏的分布、论文被引用的次数分布、网页被点击的次数分布、书籍及唱片的销售次数或张数的分布等.

下面举一些详细的例子以作说明.

例 10.3　受保问题

设某保险公司有 10000 人参加人身意外保险. 该公司规定：每人每年付公司 120 元，若意外死亡，公司将赔偿 10000 元. 若每人每年死亡率为 0.006，试讨论该公司是否会赔本，其利润状况如何.

在这个问题中，公司的收入是完全确定的，公司的支出取决于投保人中意外死亡的人数（这里略去有关公司日常性开支的讨论）. 设 X 表示这 10000 人中意外死亡的人数，由于每个人的死亡率为 0.006，X 服从 $n=10000, p=0.006$ 的二项分布：

$$P(X=k)=C_{10000}^{k}0.006^{k}(1-0.006)^{10000-k},$$

死亡 X 人时，公司要赔偿 X 万元，此时公司的利润为（$120-X$）万元. 尽管我们无法事前知道利润的确切值，但由上述分布可知，公司赔本的概率为

$$1-P(X<120)=1-\sum_{k=0}^{120}C_{10000}^{k}0.006^{k}(1-0.006)^{10000-k}<10^{-12}$$

即公司几乎不会赔本.

例 10.4 员工绩效“活力曲线”

活力曲线，亦称末位淘汰法则、10%淘汰率法则. 指通过竞争淘汰来发挥人的极限能力，由 GE 公司前 CEO 杰克·韦尔奇提出，其实质就是“末位淘汰”. 以业绩为横轴（由左向右递减），以组织内达到这种业绩的员工的数量为纵轴（由下向上递增).

利用正态分布图，很容易区分出业绩排在前面的20%的员工（A 类）、中间的70%的员工（B 类）和业绩排在后面的10%的员工（C 类）. A 类是激情满怀、勇于负责、思想开阔、富有远见的一批员工，他们不仅自身充满活力，而且有能力带动自己周围的人提高企业的生产效率. C 类员工是不能胜任自己工作的人，他们更多是打击别人，而不是激励，是使目标落空，而不是使目标实现. 作为管理者，不能在 C 类员工身上浪费时间.

这种评估组织内人力资源的方法，韦尔奇称之为“活力曲线”.

10.3 随机数学模型

例 10.5 宾馆的超额预售策略

超额预售是一些企业常用的提升期望收益的营销策略. 以宾馆为例，由于一部分预订房间的客人可能不按时前来住宿，为使宾馆满员营业，预订额度略大于宾馆容量，可能会增加宾馆的收益. 而过多的预订量显然可能导致部分预订客人无法住宿，因此宾馆需要综合考虑经济利益和社会声誉，确定预订数量的最佳限额.

为此可以引入如下符号，并做出模型假设：

1. 宾馆容量为常数 n，超额预订的数量为 q，已预订的 $n+q$ 位旅客中不按时住宿的数量为 r，r 是一个随机变量.

2. 每位客人不按时前来住宿的概率为 p，假定各位客人是否按时前来住宿是相互独立的.

3. 初步研究假设每位客人消费均为 s_1，因宾馆满员而无法住宿的每位客人得到的补偿

为 s_2，认为住宿费用与实际客人数量无关.

于是根据预订而不按时住宿的客人数量 r 的多少，公司的收益可以写为：

$$s(r,q)=\begin{cases} s_1 n - s_2(q-r), r\leqslant q \\ s_1(n+q-r), r>q, \end{cases}$$

已预订的 $n+q$ 位客人中恰有 r 位不按时住宿的概率记作 $f(r)$，则宾馆平均收益 $s(r,q)$ 的期望值为

$$E(q)=\sum_{r=0}^{n+q}s(r,q)f(r)=\sum_{r=0}^{q}[s_1 n-s_2(q-r)]f(r)+\sum_{r=q+1}^{n+q}s_1(n+q-r)f(r)$$

其中，随机变量 r 服从二项分布，因此

$$f(r)=C_{n+q}^{r}p^{T}(1-p)^{n+q-r}, r=0,1,\cdots,n+q.$$

最后问题归结为，已知 s_1,s_2,n,p，求超额预订的数量 q，使宾馆的平均收益 $E(q)$ 最大.

运用经济学中的边际分析法，最优的 q 应为满足下式的最小的 q 值

$$P(r\leqslant q)\geqslant\frac{s_1}{s_1+s_2},$$

其中，$P(r\leqslant q)=\sum_{r=0}^{q}C_{n+q}^{r}p^{r}(1-p)^{n+q-r}$. 在已知 s_1,s_2,n,p 后，可以借助 MATLAB 软件的逆二项分布命令 x = binoinv(y,n,p)来求出最小的 q 值.

【练习 10.1】

某企业为推销自身产品，采取有奖预售的形式，正式发售后，每份产品有固定概率抽中某兑奖券，用于兑换某种价值远大于产品自身价值的奖品. 但活动期间每人仅限兑换一次奖品. 私下转让多余兑奖券需要消耗一定的成本.

在以上条件下，引入必要的模型假设和符号，建立数学模型，求解某客户预订该商品的最优预订量.

例 10.6　欧式期权的二叉树定价法

期权（option）是指在未来一定时期可以买卖标的资产的权利，是买方向卖方支付一定数量的金额（**权利金** premium）后拥有在未来时期以事先规定好的价格（**执行价格** strike price）购买或出售一定数量的标的资产的权利，但不负有必须买进或卖出该资产的义务. 其中欧式期权是指只有在期权到期日当天可以行权的期权.

关于期权最重要的问题之一是它的定价问题，即决定期权当前价格（权利金 premium）. 期权定价问题是金融数学中最重要的理论问题之一，这里仅介绍其中最为初等的二叉树期权定价模型.

假定交易时间是离散的且间隔固定，如果从当前时刻算起，下一时刻即为期权到期日，称为一期模型，否则称为多期模型．以一个一期欧式期权定价问题为例：

设每单位某股票的当前价格 $S=30$ 元，二叉树模型认为下一时刻股价只有两种状态：涨为原来的 $u=1.25$ 倍即 $S^u=37.5$ 元，或跌为原来的 $d=0.8$ 倍即 $S^d=24$ 元，概率未知．若某期权的执行价格为 28 元，即每份期权提供了下一时刻以 28 元价格购入一个单位该股票的权利，求这种期权的价格 C 元．

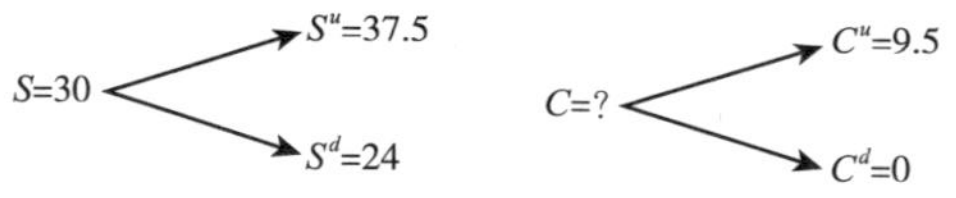

图 10－1　一期欧式期权的价格分析

简单分析可知，如果下一时刻股票价格上涨为 37.5 元，若之前已经购买了期权，此时可以行权，从而下一时刻每份期权的价值为 $C^u=9.5$ 元；若下一时刻股票价格下跌至 24 元，即使之前购买了期权，也不会行权，下一时刻期权价值为 $C_d=0$ 元．

为求 C 的值，可以利用所谓“动态复制”的方法进行．该方法的基本思想是，利用 D 份股票和价值为 L 元的无风险证券的组合，来“复制”一份期权．于是在当前时刻有

$$D\times S+L=C,$$

根据无套利原理，无论未来股票价格如何，这份资产组合的价值始终等同于一份期权的价值，否则可以通过买卖相应的资产组合和期权实现套利．因此有

$$\begin{cases}D\times S^u+\mathrm{e}^{r\Delta t}\times L=C^u\\ D\times S^d+\mathrm{e}^{r\Delta t}\times L=C^d\end{cases}$$

这里的 $\mathrm{e}^{r\Delta t}$ 是因为习惯上需要考虑无风险证券的利息问题，这里设无风险利率为 $r=4\%$，而间隔时间 $\Delta t=0.25$．将以上数值代入方程即可解出 $D=0.7037$，$L=-16.7028$，$C=4.39$，即这样一份期权的当前价格为 4.39 元．

【练习 10.2】

上例中其他条件不变，但改为二期二叉树，即两个间隔时间后可以行权．且后一时刻的股票有一定概率上涨为前一时刻股价的 u 倍或下跌为前一时刻 d 倍．求此条件下的期权价格 C．

第 11 章　随机过程模型

【学习目标与要求】

1. 了解随机过程的基本概念；
2. 掌握 Markov 链模型及其平稳分布的实际含义；
3. 掌握生灭过程模型建模流程.

随机过程 $X(t)$ 是定义在某概率空间上并依赖于某个参数的一族随机变量，参数通常是时间. 随机过程的值域称为过程的状态空间. 随机过程的研究对象与微分方程研究对象有一定的相似之处，而区别则主要体现在随机过程研究的是随机变量而非确定性变量.

与差分方程和微分方程相类似，随机过程也按所考察时间是否连续分为离散时间随机过程和连续时间随机过程. 随机过程在经济、社会、生态等领域有着广泛的应用，也是财经专业学生必备的数学基础工具.

11.1　Markov 链模型

Markov 性即无后效性，是对真实随机过程最常见的一类简化，指的是随机过程在下一时期的状态只取于当前这个时期的状态和转移概率，而与过去各时期所经历过的状态无关．特别地，具有无后效性的、状态空间为离散的随机过程称为 **Markov 链**，简称马氏链．马氏链是最常见的一类随机过程，根据时间参数可进一步细分为离散时间的马氏链和连续时间的马氏链．

例 11.1 某在线围棋比赛采取积分制进行，在赛季内的每日，选手可以自由参与任意数量的比赛，由系统自动撮合对手，并根据每局比赛的结果自动调整分组．该比赛分成甲乙丙三个组别．

某人经过一段时间的尝试，发现如果之前他位于甲组，经过一天的比赛后有 40% 概率留在甲组，60% 概率降至乙组；而如果之前位于乙组，经过一天的比赛后有 30% 概率升至甲组，50% 概率留在乙组，20% 概率降至丙组；如果之前位于丙组，经过一天的比赛后有 80% 概率升至乙组，20% 概率留在丙组．

这里有两个自然的问题：

（1）如果这个人在赛季之初位于丙组，参加 10 天比赛后，他处于甲组的概率．

（2）从平均意义上看，他处于每个组别的概率．

前一个问题用概率论中的全概率公式是可以求解的，但计算较为繁琐，下面我们统一利用随机过程的观点来解决这两个问题．

用随机变量 X_n 表示第 n 天的状态，$X_n=1,2,3$ 分别代表处于甲乙丙三个组别，用 $a_i(n)$ 表示第 n 天处于组别 i 的概率，即 $a_i(n)=P(X_n=i)$，$i=1,2,3$．用 P_{ij} 表示已知前一天处于状态 i，后一天处于状态 j 的概率，即 $P_{ij}=P(X_{n+1}=j\mid X_n=i)$，$i,j=1,2,3$．$a_i(n)$ 称为状态概率，P_{ij} 称为转移概率，其构成的矩阵称为转移概率矩阵．

根据已知假设，第 $n+1$ 天的状态 X_{n+1} 只取决于第 n 天的状态 X_n 和转移概率 P_{ij}，而与以前的状态 $X_{n-1},X_{n-2},\cdots$ 无关，这就是 Markov 性，显然它是对现实问题的一种简化．由全概率公式，第 $n+1$ 天的状态概率为

$$\begin{cases} a_1(n+1)=a_1(n)P_{11}+a_2(n)P_{21}+a_3(n)P_{31} \\ a_2(n+1)=a_1(n)P_{12}+a_2(n)P_{22}+a_3(n)P_{32} \\ a_3(n+1)=a_1(n)P_{13}+a_2(n)P_{23}+a_3(n)P_{33}. \end{cases}$$

用行向量 $a(n)=(a_1(n),a_2(n),a_3(n))$ 表示状态概率，结合转移概率矩阵 $P=(p_{ij})_{k\times k}$，可以把上述方程改写为矩阵乘法的形式

$$a(n+1)=a(n)P,$$

由此可得

$$a(n)=a(0)P^n,$$

其中转移概率矩阵为

$$P=\begin{bmatrix}0.4 & 0.6 & 0\\ 0.3 & 0.5 & 0.2\\ 0 & 0.8 & 0.2\end{bmatrix}.$$

因此，如果某人当前位于丙组，相当于 $a(0)=(0,0,1)$，他十天后位于甲组的概率相当于 $a(0)P^{10}=(0.2857,0.5715,0.1429)$ 的前一个分量，即他有 29% 的可能性位于甲组.

注意这里的状态概率是一个行向量，且各个分量的和是 1；转移概率矩阵是一个非负方阵，且每行的和也为 1. 可以思考一下，将状态概率写成列向量会有何不同？

另外本例中转移概率矩阵 P 与时刻 n 无关，这种马氏链称为**时齐的**，这也是一种常见的简化. 注意时齐性与 Markov 性是不同的.

再来看问题（2），这个问题与马氏链的“**稳态概率**”有关，所谓稳态概率指的是一种状态概率 $w=(w_1,w_2,w_3)$，使得 $wP=w$.

求解该方程（注意其中 $w_1+w_2+w_3=1$），即可得到问题(2)的答案 $w=(0.2857,0.5715,0.1429)$，从中很容易体会出稳态的含义. 注意该答案与问题(1)的答案是几乎一致的，你认为这是巧合吗？

稳态概率在一定条件下也称为极限状态概率，与微分方程的相关研究类似，我们除了关心稳态概率的存在性，也关心它是否能够“达到”. 一个常用的条件是，如果存在正整数 N，使 P^N 的每一个都大于零，则存在唯一的稳态概率，且与初始状态无关.

例 11.2　$S-s$ 策略是存储论中著名的存储策略，它指的是每个周期的期末（比如周日晚）检查库存，若库存大于 s 件则不进货，否则补充货物至 S 件. 如果给出销售商品的价格、存储价格、潜在销量等条件，是可以通过规划的方法求解出利润最大的 S 和 s 的，这里不多讨论.

某网店店商以 $S-s$ 方式存储某商品. 前期调研表明，该商品需求量较小，平均每周需求量为 1 件. 因此该店商决定令 $S=3,s=0$，即每周末检查库存，当且仅当库存量为 0 时，进货至 3 件. 则在这种存储模式下，失去销售机会的可能性多大，每周的平均销量是多少？

可以借助马氏链稳态分布的概念分析该问题. 考察每周“初”的库存，有 1、2、3 三个状态. 重点在于求出三个状态之间的转移概率矩阵 $P_{3\times3}$，这与每周到达的顾客数量有密切关系.

一般假定顾客到来相互独立，需求量视为服从参数为 1 的 Poisson 分布，即每周到达顾客为 k 的概率是 $e^{-1}/k!$，其中 $k=0,1,2,\cdots,n$.

这里的转移概率矩阵为

$$P=\begin{bmatrix}0.37 & 0.00 & 0.63\\ 0.37 & 0.37 & 0.26\\ 0.18 & 0.37 & 0.45\end{bmatrix},$$

其中，p_{11}相当于事件“一周内没有顾客到达”的概率，故 $p_{11}=e^{-1}$；p_{12}则对应一个不可能发生的事件，所以 $p_{12}=0$；类似可求出矩阵 P 的每一个元素.

稳态分布 $w=(w_1,w_2,w_3)$满足 $wP=w$，解得 $w=(0.29,0.26,0.45)$，它表示稳态下每周初的库存商品数量. 当某一周顾客到达数量 D 大于库存时，会失去销售机会. 计算可得该概率为

$$P(D>1)w_1+P(D>2)w_2+P(D>3)w_3\approx 0.10.$$

也可以对应求出此时每周的平均销量为 0.86，细节留给读者自己完成.

11.2 生灭过程模型

接下来介绍一类应用中较为常见的随机过程——生灭过程，它也是一种常见的马氏过程.

考虑生物群体的繁衍和死亡过程，有下面两个著名的随机过程：

例 11.3 Yule 过程

考察生物群体繁殖过程的模型. 设群体中各个生物体的繁殖是相互独立的、强度为 λ 的 Poisson 过程，并且群体中没有死亡，此过程称为 Yule 过程.

设在零时刻群体中有 1 个个体，由 Yule 过程定义，当群体数目为 i 时，这 i 个个体是以相互独立的 Poisson 过程来产生后代的，从而相当于一个强度为 λi 的 Poisson 过程.

以 $T_i(i\geqslant 1)$表示群体数目从 i 增加到 $i+1$ 所需的时间，可以推出$\{T_i\}$是相互独立的参数为 $i\lambda$ 的指数型随机变量. 另外也可以说明 Yule 过程是一个连续时间 Markov 链.

例 11.4 生灭过程

仍然考虑一个生物群体的繁殖模型. 繁衍行为如上例的假定，但是每个个体将以指数速率 μ 死亡，即每个个体的寿命服从以 μ 为参数的指数分布，称为一个生灭过程. 一个生灭过程的状态为 $\{0,1,2,\cdots\}$，它是一个连续时间 Markov 链.

用 T_i 表示过程从 i 到达 $i+1$ 或 $i-1$ 的时间，则 T_i 服从参数为 $i\mu+i\lambda$ 的指数分布（把生灭过程看成生和灭两个 Yule 过程之和）. 另外可以得到下一次转移到 $i+1$ 的概率 $p_{i,i+1}$是

$\frac{\lambda}{\mu+\lambda}$，到 $i-1$ 的概率 $p_{i,i-1}$ 为 $\frac{\mu}{\mu+\lambda}$.

在前面章节介绍过几种不同的确定性人口模型，其中共性的假设是，人口是按固定比例确定性增加和减少的，即每一万人口一段时间必然会有固定的新生人数和死亡人数，这显然是不符合实际的. 因此可以考虑如下的随机人口模型，假定一个人的出生和死亡是随机的.

例 11.5　利用生灭过程构建的随机人口模型

用 $X(t)$ 表示 t 时刻人口数，每一时刻的 X 是一个随机变量，$X(t)$ 随时间 t 变化的过程就是随机过程. 记 $P_n(t)=P(X(t)=n)$ 表示 t 时刻人口为 n 的概率，并对从 t 时刻到 $t+\Delta t$ 时刻的人口变化情况做如下假设：

（1）出生一人的概率与 Δt 成正比，比例系数为 b_n，简化起见可以假定 b_n 与 t 时刻的人口数 n 成正比，即 $b_n=\lambda n$；出生两人及两人以上的概率为 $o(\Delta t)$.

（2）死亡一人的概率与 Δt 成正比，比例系数为 d_n，简化起见可以假定 d_n 与 t 时刻的人口数 n 成正比，即 $d_n=\mu n$；死亡两人及两人以上的概率为 $o(\Delta t)$.

（3）出生和死亡相互独立. 而后考察 $P_n(t+\Delta t)$，即 $t+\Delta t$ 时刻人口数为 n 的概率. 由事件分解和全概率公式可得：

$$P_n(t+\Delta t)=P_{n-1}(t)b_{n-1}\Delta t+P_{n+1}(t)d_{n+1}\Delta t+P_n(t)(1-b_n\Delta t-d_n\Delta t)+o(\Delta t),$$

移项并令 $\Delta t\to 0$，得

$$\frac{\mathrm{d}P_n(t)}{\mathrm{d}t}=b_{n-1}P_{n-1}(t)+d_{n+1}P_{n+1}(t)-(b_n+d_n)P_n(t),$$

对应的初值条件为

$$P_n(0)=\begin{cases}1, & n=n_0\\ 0, & n\neq n_0,\end{cases}$$

其中 n_0 为初始时刻人口数. 这是一个高维的微分方程组，求解较为困难. 可以转而求解 t 时刻人口数 $X(t)$ 的期望等数字特征. 由 $EX(t)=\sum_{n=1}^{\infty}nP_n(t)$ 及 $b_n=\lambda n, d_n=\mu n$ 可推出

$$\frac{\mathrm{d}EX(t)}{\mathrm{d}t}=\sum_{n=1}^{\infty}n\frac{dP_n(t)}{dt}=(\lambda-\mu)EX(t).$$

【练习 11.1】

与确定性人口模型比较，指出随机性人口模型的优势及局限性. 注意到该模型在求期望后对应于确定性模型时的 Malthus 模型，这是哪条假设导致的？如何对应改进成随机形式的 logistic 模型？尝试对改进后的模型做理论分析.

第 12 章　数理统计基础知识

【学习目标与要求】

1. 掌握常见参数估计方法及其评价标准；
2. 掌握假设检验的一般方法；
3. 掌握方差分析的一般方法；
4. 了解非参数统计的常见方法.

数理统计与数学是密切相关又有明显差异的两个学科，不同于数学归纳演绎的思维方式，数理统计以推断为主，是以实用为目的的学科，没有完成公理化. 数理统计既有严谨的逻辑推理，又有基于经验的技术处理方法，因而在学习模型之前，有必要先将相关基础知识重新梳理一遍，并补充强调在应用时的一些注意事项.

12.1　参数估计

最常用的一类统计方法是参数统计，参数统计的两大基本问题是参数估计和假设检验. 参数估计是利用样本信息对分布中相关的参数进行合理推测，而假设检验则是利用已知数据对当前的假设做出接受与否的判断.

参数估计的形式主要有两种：点估计和区间估计.

设 x_1，…，x_n 是来自总体的一个样本，用于估计未知参数 θ 的统计量 $\hat{\theta}=\hat{\theta}(x_1,\cdots,x_n)$ 称为 θ 的估计量，或称为 θ 的点估计，有时也简称估计. 点估计统计量的构造方法很多，最常见的两种是矩估计和极大似然估计. 其中矩估计的基本思想是，用样本矩替换总体矩，用样本矩的函数去替换相应的总体矩的函数；而极大似然估计的基本思想为，最合理的参数应使已发生的这组样本发生的概率最大.

评价估计值优劣一般有如下的准则：

1. 充分性：充分性表现为已知信息的利用程度，当统计量完全利用了样本信息，即在统计量 T 的取值为 t 的情况下，样本 X 的分布与参数无关，称其为充分统计量. 一般应优先使用充分统计量.

2. 相合性：当有足够多的观测值时，可以要求统计量随着样本量的不断增大而逼近参数真值，这就是相合性. 写成严格的数学语言，即设 $\theta\in\Theta$ 为未知参数，$\hat{\theta}_n=\hat{\theta}_n(x_1,\cdots,x_n)$ 是 θ 的一个估计量，n 是样本容量，若对任意一个 $\varepsilon>0$，有

$$\lim_{n\to\infty}P(|\hat{\theta}_n-\theta|\geqslant\varepsilon)=0,$$

则称 $\hat{\theta}$ 为参数 θ 的相合估计. 相合性也是较为常用的评价准则.

3. 无偏性：设 $\hat{\theta}=\hat{\theta}(x_1,\cdots,x_n)$ 是 θ 的一个估计，θ 的参数空间为 Θ，若对任意的 $\theta\in\Theta$，有 $E_\theta(\hat{\theta})=\theta$ 则称 $\hat{\theta}$ 是 θ 的无偏估计. 无偏性可以理解成没有系统误差，所有估计的偏差都来自于样本的随机性，而非本身统计量构造的缺陷.

4. 均方误差准则：均方误差定义为 $MSE(\hat{\theta})=E(\hat{\theta}-\theta)^2$. 将上式展开并化简，可以得到均方误差的另一种表达形式：

$$MSE(\hat{\theta})=Var(\hat{\theta})+(E\hat{\theta}-\theta)^2.$$

特别地，当第二项为零时，点估计 $\hat{\theta}$ 为无偏估计. 此时，$\mathrm{MSE}(\hat{\theta})=\mathrm{Var}(\hat{\theta})$. 无偏估计的前提下，均方误差最小的估计称为 UMVUE（一致最小无偏估计），一般认为 UMVUE 是较好的估计.

此外，常见的评价准则还有渐进无偏性、渐进正态性等，需要注意的是，这些原则并不绝对，通常需要从不同角度对点估计进行评价. 而当对不同的点估计进行评价时，一定也要指明在何种评价准则下进行的对比，防止误解. 表 12－1 给出了一些常见随机分布的参数估计及其评价.

表 12－1　　　　　　　　　　常见随机分布的参数估计

分布及参数	估计方法	估计值	充分性	相合性	无偏性	渐近无偏性
正态分布 均值 μ	矩估计	$\overline{X}$	√	√	√	√
	MLE	$\overline{X}$	√	√	√	√
正态分布 方差 σ^2 （μ 已知）	矩估计	$\frac{1}{n}\sum_{i=1}^{n}(X_i-\overline{X})^2$	×	√	×	√
	MLE	$\frac{1}{n}\sum_{i=1}^{n}(X_i-\mu)^2$	√	√	√	√
正态分布 方差 σ^2 （μ 未知）	矩估计	$\frac{1}{n}\sum_{i=1}^{n}(X_i-\overline{X})^2$	√	√	×	√
	MLE	$\frac{1}{n}\sum_{i=1}^{n}(X_i-\overline{X})^2$	√	√	×	√
均匀分布 $[0,\ \theta]$ 的右端点 θ	矩估计	$2\overline{X}$	×	√	√	√
	MLE	$X_{(n)}$	√	√	×	√
指数分布 参数 λ	矩估计	$\frac{1}{\overline{X}}$	√	√	×	√
	MLE	$\frac{1}{\overline{X}}$	√	√	×	√
泊松分布 参数 λ	矩估计	$\overline{X}$	√	√	√	√
	MLE	$\overline{X}$	√	√	√	√
二项分布 概率 p	矩估计	$\frac{\overline{X}}{n}$	√	√	√	√
	MLE	$\frac{\overline{X}}{n}$	√	√	√	√
几何分布 概率 p	矩估计	$\frac{1}{\overline{X}}$	√	√	×	√
	MLE	$\frac{1}{\overline{X}}$	√	√	×	√

与点估计不同，区间估计给出了未知参数所在的一个区间．一般通过置信区间的概念加以描述，记为 $[\hat{\theta}_L,\ \hat{\theta}_U]$．其中 $\hat{\theta}_L$ 和 $\hat{\theta}_U$ 分别称为 θ 的置信下限和置信上限．置信度通常用 $1-\alpha$ 表示，例如，$\alpha=0.05$ 时，置信度为 0.95 的置信区间即意味着，该区间有 95% 的可能性包含未知参数真值．α 一般取 0.01,0.05,0.1．构造未知参数 θ 的置信区间最常用的方法是枢轴量法，具体可以参考一般的数理统计教材．

12.2 假设检验

另一类常见的统计问题是假设检验，假设检验主要依据“小概率事件在一次实验中基本不会发生”的思想，利用样本信息对预先提出的、关于总体分布类型或分布参数的某些假设进行判断. 以参数统计里的假设检验为例，其基本步骤可以概括如下：

1. 建立假设

设有来自某一个参数分布族 $\{F(x,\theta),\theta\in\Theta\}$ 的样本 $x_1,\cdots,x_n$,其中 Θ 为参数空间. 并设 $\Theta_0\in\Theta$ 且 $\Theta_0=\varnothing$，以及 $\Theta_1\in\Theta$ 且 $\Theta_1\cap\Theta_0=\varnothing$.

选择某命题 $H_0:\theta\in\Theta_0$ 为原假设，对应的命题 $H_1:\theta\in\Theta_1$ 称为 H_0 的备择假设. 记为

$$H_0:\theta\in\Theta_0 \quad vs \quad H_1:\theta\in\Theta_1$$

一般来讲，原假设是我们希望保护的假设，即倾向于认为它成立，只有当样本显著拒绝时，才认为它是不成立的.

2. 选择检验统计量，给出拒绝域形式

假设检验更关注拒绝域 W，即将样本空间分为 W 和 $\overline{W}$，而当样本落于 W 时，拒绝原假设 H_0. 需要选择或设计合理的检验统计量，给出拒绝域的具体形式.

例如，如果要检验的原假设是，一维正态分布 $N(\mu,1^2)$ 中的均值参数 $\mu>0$，则拒绝域可以选择为样本均值 $\bar{x}\leqslant c$ 的形式，其中 c 是某个待定系数.

3. 选择显著性水平

由于样本总是随机的，故我们用指定的样本做出判断时，必然存在判断错误的可能，具体可以分为以下两类：

- 拒真错误：当 $\theta\in\Theta_0$ 时，样本落入了拒绝域 W，于是错误地拒绝了原本应该是正确的假设.
- 存伪错误：当 $\theta\in\Theta_1$ 时，样本却没有落入拒绝域 W，于是没有拒绝原本应该是错误的假设.

一般情况下无法使一个检验犯两种错误的概率同时变小，我们一般较为常用的是Fisher提出的显著性检验，该检验优先保证拒真错误的概率不能过大.

显著性水平为 α 的显著性检验，是指对检验问题 $H_0:\theta\in\Theta_0 \quad vs \quad H_1:\theta\in\Theta_1$，如果一个检验满足对任意的 $\theta\in\Theta_0$，都有 $g(\theta)\leqslant\alpha$，其中 $g(\theta)$ 是犯拒真错误的概率，而显著性水平 α 一般取0.01，0.05或0.10，这是为了限制拒真错误的同时，也适当控制存伪错误的概率.

4. 给出拒绝域并做出判断

根据显著性水平和拒绝域的形式，可以确定其中的具体系数，从而完整给出假设检验的拒绝域 W. 而后将样本观测值代入计算，即可得出对原假设的判断，即：

- 如果 $(x_1,x_2,\cdots,x_n)\in W$，则拒绝 H_0.
- 如果 $(x_1,x_2,\cdots,x_n)\in\overline{W}$，则不能拒绝 H_0.

此外，可以引入 p 值的概念. 在一个假设检验问题中，利用样本观测值能够做出拒绝原假设的最小显著性水平称为检验的 p 值. p 值较为常用，常见数学和统计软件一般都会自动给出检验的 p 值.

由检验的 p 值与我们心中的显著性水平 α 进行比较可以很容易作出假设检验的结论：

- 如果 $\alpha\geqslant p$，则拒绝 H_0.
- 如果 $\alpha<p$，则不能拒绝 H_0.

假设检验是目前各学科运用最为普遍的统计方法之一，但存在较多的误用情况. 这里再给出几点补充说明：

(1) 假设检验不同于判断命题真伪，假设检验是有保护原假设的倾向性的. 因此在可以自由选择原假设与备择假设时，一般选择希望被保护的方向作为原假设，但不同立场的人希望保护的方向可能是对立的.

(2) 特殊情形下，原假设与备择假设的选取并不是任意的. 主要包括：

①与连续分布相关的问题里，如果有一个命题取等号，则通常需要将取等号的命题作为原假设，即使我们并不希望等号成立，这一点在回归分析等问题中有明显体现；

②在涉及生命安全、伦理、道德等问题的检验时，应优先选择保护生命安全和伦理道德，例如检验某种新药物是否有副作用、能否上市，一般需要选择“有副作用”“不能上市”作为原假设，但急用药可能相反；

③涉及重大政策改革时，通常考虑把“不改变”作为原假设. 以上的后两条原则需要具体问题具体分析，并非绝对.

(3) 一般而言 p 值很小时，如 $p\leqslant0.001$ 可以直接拒绝原假设，但由于拒真错误和存伪错误同时存在且概率反向，p 值不宜过大，切忌画蛇添足式地强调自己的 p 值“纯度”有多高.

（4）一般情况下原假设是我们希望保护的方向，是模型更为可信的方向，所以 p 值较大时，认为模型更为可信，但如上所述，有时我们不得不选择模型不可信的方向作为原假设，如回归分析的检验中，p 值较小说明模型更可信.

（5）严格地讲，假设检验的结论是“拒绝原假设”和“不能拒绝原假设”，而非“接受原假设”.

12.3　方差分析

方差分析是对两样本均值假设检验的推广，用于比较多样本均值是否一致的问题. 与两两比较均值不同，方差分析仅需要做一次检验，有效降低了犯第一类错误的概率，提高了结果的准确性.

在生物医药学、工程学和经济学等领域，通常需要设计试验研究不同总体所呈现出的差异性，如某种农作物在不同温度处理下的产量变化，不同材质对于建筑物稳定性的影响，同一服装品牌在不同区域的销售量对比等. 这类试验的分析方法称为方差分析，它主要通过比较各总体的均值是否相等来检验分类型变量对数值型变量的影响.

在方差分析中，分类型自变量称为因素，如研究材质对于建筑物稳定性的影响时，材质就是一个因素，其具体取值称为水平. 方差分析的主要任务是建立数学模型考察数值型因变量的误差来源，是源于水平的不同还是仅仅源于抽样的随机性.

其中，$A_i(i=1,2,\cdots,k)$ 为因素的第 i 个水平，n_i 为第 i 个水平的样本量，它们可以相同也可以不同. 同时，记总的样本量为 n，全部观测值的均值为 $\bar{x}$.

在观测值相互独立，总体服从方差相同的正态分布的前提下，方差分析即要做假设检验：

$$H_0: \mu_1=\mu_2=\cdots=\mu_k \quad vs \quad H_1: \mu_i\ (i=1,2,\cdots,k)\ \text{不全相等}.$$

其中 μ_i 为第 i 个总体的均值. 方差分析主要依赖如下形式的“平方和公式”：

$$SST(\text{总平方和}) = SSA(\text{组间平方和}) + SSE(\text{组内平方和}).$$

其中

$$SST = \sum_{i=1}^{k}\sum_{j=1}^{n_i}(x_i-\bar{x})^2,\quad SSA = \sum_{i=1}^{k}n_i(\bar{x}_i-\bar{x})^2,\quad SST = \sum_{i=1}^{k}\sum_{j=1}^{n_i}(x_i-\bar{x}_i)^2.$$

检验统计量为$\frac{SSA/(k-1)}{SSE/(n-k)}$，它服从$F(k-1,n-k)$．如果$F$值大于给定显著性水平下的临界值，则拒绝原假设，认为因变量对自变量有显著影响，否则不拒绝原假设，不能认为因变量对自变量有显著影响.

12.4 常见的非参数统计方法

如果一个统计问题涉及的总体分布族形式未知，则称该问题为非参数统计问题. 一个问题是不是参数的，只取决于该问题的模型涉及的分布类型是否已知，而不是看推断目的是否和参数有关.

尽管本科课程大多不涉及非参数统计，但数学建模过程中难免会触碰一些相关内容，这里简要介绍一些常见方法及基本思想，同学们可以在用到的时候根据相应的关键词自行检索学习.

与参数统计相对应，非参数统计的两个主要统计推断问题为非参数检验和非参数估计. 其中非参数检验主要是指非正态总体情形下的各类检验问题，而估计问题则主要指关于函数的估计，比如密度函数和回归函数的估计，即假设有一组数据，我们需要考虑这组数据来自哪个总体分布，假设总体服从的密度函数未知，密度估计问题就是要由这组数据估计总体服从的未知密度函数.

由于非参数检验方法形成于二十世纪四五十年代，六七十年代被广泛应用，所以非参数检验相关内容又被称作是传统非参数统计. 随后的九十年代对非参数统计的研究则多集中于非参数密度估计问题，所以又称非参数估计部分为现代非参数统计.

具体地，就检验问题而言，对应于参数统计，非参数统计主要讨论了单样本问题、两样本问题、多样本问题以及多个不独立总体间的相关性分析，涉及的方法主要有检验单个总体均值的符号检验和符号秩检验，比较两独立总体位置参数的秩和检验（即 Wilcoxon－Mann－Whitney 检验），比较两独立总体尺度参数的 Mood 检验、Siegel－Tukey 检验和 Fligner－Killeen 检验，比较多个独立总体位置参数的 Kruskal－Wallis 秩和检验、Jonckheere－Terpstra 检验、Friedman 检验、Page 检验和 Cochran 检验，相关性问题中的 Spearman 秩相关检验和 Kendall τ 相关检验，以及分布拟合检验问题中的 Kolmogorov－Smirnov 检验、Cramer－von Mises 型检验和正态性检验等.

就估计问题而言，非参数估计则主要讨论了估计密度函数和回归函数的各类方法．例如，核估计、最近邻估计，正交级数估计等，这些估计方法是现代非参数统计的重要组成部分．

绝大多数的非参数检验方法都是基于秩的各类检验方法，而非参数估计方法则多基于函数的逼近表示方法．因此秩是传统非参数统计中的最重要概念．对于样本 $X_1, X_2, \cdots X_n$，记 $R_i = \sum_{k=1}^{n} I_{(X_k \geqslant X_i)}, i = 1, 2, \cdots, n$，则称 R_i 为 X_i 在样本 $X_1, X_2, \cdots, X_n$ 中的秩，其中 I 为示性函数．

如果 $X_{(1)}, X_{(2)}, \cdots, X_{(n)}$ 为 $X_1, X_2, \cdots X_n$ 的次序统计量，而 $X_i = X_{R_i}$，则 $R = (R_1, R_2, \cdots R_n)$ 或其一部分分量就称为样本 $X_1, X_2, \cdots, X_n$ 的秩统计量．进一步，R 的任一已知函数也称为秩统计量，例如 $\sum_{i=1}^{n} iR_i$.

之所以各类非参数检验方法均是基于秩统计量构造出来的，原因就在于在样本独立同分布且来自连续总体的条件下，秩的分布与总体分布无关．

定理 12.1　设 $\{r_1, r_2, \cdots, r_n\}$ 为 $(1, 2, \cdots, n)$ 的任一全排列，则

$$P((R_1, R_2, \cdots, R_n) = (r_1, r_2, \cdots, r_n)) = \frac{1}{n!},$$

进一步，秩向量 $R = (R_1, R_2, \cdots, R_n)$ 的任一边缘分布均服从其相应取值集合上的均匀分布．

理论上，基于上述定理，可以得到任一形式的秩统计量的抽样分布．这也是秩在传统非参数统计中有用的根本原因．

对于非参数统计中的特有问题即分布拟合检验问题，图示法和经验分布函数型检验（*EDF* 型）是两类重要检验方法．既然要判断总体的分布函数是否为猜测的已知函数，就可以利用分布函数的优良估计经验分布函数和已知函数的距离进行推断．继而函数间不同的距离定义方式就导出了各个 *EDF* 检验方法，比如 Kolmogorov – Smirnov 检验和 Cramér – von Mises 型检验．

上述非参数检验方法大多数都基于样本秩，尽管秩的分布不依赖于样本来自的未知总体分布且秩的分布完全已知，但毕竟各检验统计量的表达式复杂，所以还是很难算出其精确分布，因此绝大多数的非参数检验方法都是基于有关统计量的极限分布的．

第 13 章　多元统计模型

【学习目标与要求】

1. 熟练使用回归分析建模；
2. 理解判别分析的原理并会运用；
3. 学习使用因子分析和主成分分析建模.

很多时候人们对于事物运作的内在机理是未知的，无法建立“白箱模型”，于是从大量数据出发进行统计分析、构建“黑箱模型”成为这类问题的主要研究方法. 统计推断依托概率论等数学思想，又有不同于数学的思维特色，新兴的统计方法层出不穷，在处理一些问题时是卓有成效的. 但建议初学时先从基础公认的模型入手，本章先简单介绍其中最常见的几类. 由于这些模型现代数学软件都集成得很好，这里只简述其基本思想，不再具体举例.

13.1　回归分析

自然科学和社会科学中都有很多变量间相互联系和制约、但作用机理不完全明确的现象. 回归分析针对这种不确定现象，通过构建数学模型研究隐藏在背后的统计规律性，从而发现变量间的关系，并完成模型预测.

英国生物学和统计学家高尔顿在研究豌豆时，即发现尺寸小的豌豆会得到更大的子代，而尺寸大的豌豆会得到更小的子代，他称这种现象为“向平均回归”. 后人们将这一现象推广，称研究数值型自变量和数值型因变量之间关系的模型为回归分析，与回归的本意有了一定的差异.

一元线性回归模型和多元线性回归模型的基本形式分别为

$$y = b_0 + b_1 x + \varepsilon.$$

$$y = b_0 + b_1 x_1 + \cdots + b_n x_p + \varepsilon.$$

其中，y 为因变量的 n 个观测值；$x_1, \cdots, x_p$ 为 p 维自变量的 n 个观测值，记为矩阵 X；b_i 为模型的回归系数；ε 为模型的随机误差项. 该模型由两部分组成，一部分为线性函数，其反映了模型的确定性关系；另一部分为随机误差，其反映了由人们认知能力不足、样本量有限、抽样存在误差等原因所带来的不确定性因素.

通常采用普通最小二乘法估计回归模型的系数，即找到 β 的估计值 $\hat{\beta}$，使得残差平方和 $(y - X\beta)^T(y - X\beta)$ 达到最小. 可以求得最小二乘解为：$\beta = (X^T X)^{-1} X^T y$. 由于已假定因变量服从正态分布，故也可利用极大似然法求解系数估计值，其结果与最小二乘法相同.

回归模型的显著性检验可以基于不同的检验统计量，但其基本思想有一定的相似之处. 以 F 检验为例，即做如下检验：

$$H_0: \beta_1 = \beta_2 = \cdots = \beta_p = 0 \quad vs \quad H_1: \beta_1, \beta_2, \cdots, \beta_p \text{ 不全为 } 0.$$

对应的检验统计量 $F = \dfrac{SSR/p}{SSE/(n-p-1)} \sim F(p, n-p-1)$. 如果 F 值大于给定显著性水平下的临界值，则拒绝原假设，认为自变量整体对因变量有显著影响. 注意此时我们希望发生的情形即模型显著是落在检验的拒绝域里的.

多元回归的一个常见问题是如何选择变量，为此最常用的方法是逐步回归：其基本思想是，将可以视为自变量的变量逐个引入及剔除模型，根据拟合残差，选择最适合的模型. 现代统计软件大都已将逐步回归集成为内置命令，例如 MATLAB 逐步回归的命令是 stepwise.

实际问题中，变量间的关系可能不是线性的，其中大多数非线性模型可以通过函数变换化为线性模型. 常见的可线性化的非线性模型参见表 13－1.

表 13－1　　常见可线性化的非线性函数

英文名称	中文名称	方程形式
Logarithm	对数函数	$y = b_0 + b_1 \ln t$
Inverse	逆函数	$y = b_0 + \dfrac{b_1}{t}$
Quadratic	二次曲线	$y = b_0 + b_1 t + b_2 t^2$

续表

英文名称	中文名称	方程形式
Cubic	三次曲线	$y=b_0+b_1t+b_2t^2+b_3t^3$
Power	幂函数	$y=b_0t^{b_1}$
Compound	复合函数	$y=b_0+b_1^t$
S	S 型曲线	$y=\exp\left(b_0+\frac{b_1}{t}\right)$
Logistic	逻辑函数	$y=\frac{1}{\frac{1}{\mu}+b_0b_1^t}$
Growth	增长曲线	$y=\exp(b_0+b_1t)$
Exponential	指数函数	$y=b_0\exp(b_1t)$

传统线性模型的因变量为数值型变量，当因变量为 0—1 分类变量时，通常需要将因变量转化为其等于 1 的比例. 有两种常见的函数可以实现这种转化，一种是逻辑函数，对应的是 logit 回归模型，其形式如下：

$$E(y)=\frac{\exp(\beta_0+\beta_1x_1+\cdots+\beta_px_p)}{1+\exp(\beta_0+\beta_1x_1+\cdots+\beta_px_p)}$$

其中，$x_1,x_2,\cdots,x_p$ 为第 i 个样本的自变量观测值，y 为对应的 0—1 分类变量.

另一种利用正态累积概率分布函数 $\Phi(x)$ 的回归模型 probit，其形式为：

$$E(y)=\Phi(\beta_0+\beta_1x_1+\cdots+\beta_px_p)$$

其中的参数可以用最大似然法进行估计.

例如，利用回归模型研究人员是否得病与年龄的关系，则自变量 x 是年龄，因变量 y 取 0/1 代表没有得病/得病，则可考虑将同一年龄的人群划为一组，建立模型

$$\pi(x)=\frac{e^{\beta_0+\beta_1x}}{1+e^{\beta_0+\beta_1x}},$$

其中 $\pi(x)$ 代表年龄为 x 的人患病的概率，从而

$$\ln\frac{\pi(x)}{1-\pi(x)}=\beta_0+\beta_1x,$$

即为该问题的 logit 模型.

13.2 判别分析

判别分析主要讨论在数据分类确定的条件下，某一特定研究对象的类型归属问题. 例

如，某银行已根据信用风险的相关度量指标，将客户的信用评级划分为可信和失信，现要对一名新客户进行信用评级．这类识别一个个体所属类别的模型称为判别分析，它在自变量为数值型变量，而因变量为分类型变量的情形下，弥补了线性回归模型的不足．在判别分析中，自变量也称判别变量．

判别分析通常假定判别变量服从多元正态分布、各组判别变量的协方差矩阵相等，以及每一个判别变量都不是其他判别变量的线性组合．

距离判别是最基本的判别分析方法，其基本思想是：如果一个样品到某总体的统计距离小于到其他任一总体的统计距离，则认为样品与该总体的特征最为相近，应归入该总体．

设有 k 个总体 $G_1,G_2,\cdots,G_k$，其判别变量的均值向量分别为 $\mu_1,\mu_2,\cdots,\mu_k$，协方差阵均为 $\sum$；现有某样品 x，通常选用马氏距离度量其到某总体 G_i 的统计距离，即

$$d^2(x,G_i) = (x-\mu_i)^T\sum^{-1}(x-\mu_i).$$

若该样品到总体 G_i 的马氏距离比到总体 G_j 的马氏距离小，则认为其更应归入 G_i 而非 G_j，若相等则记为待判．据此可构造判别函数 $W_{ij}(x)$ 如下：

$$W_{ij}(x) = d^2(x,G_i) = d^2(x,G_j) = \left(x-\frac{\mu_i+\mu_j}{2}\right)^T\sum^{-1}(\mu_i-\mu_j),i,j=1,2,\cdots,k.$$

该函数为线性函数，因此也称其为线性判别函数．

若 $\mu_1,\mu_2,\cdots,\mu_k$ 或 $\sum$ 未知，则可分别从总体 $G_i(i=1,2,\cdots,k)$ 中抽出 n 个样本 $x_{i1},x_{i2},\cdots,x_{i,n_1}$，得到参数的估计为：

$$\hat{\mu}_i = \bar{x}_i,$$

$$\hat{\sum} = \frac{1}{n_1+\cdots+n_k-k}\sum_{i=1}^{k}\sum_{j=1}^{n_i}(x_{ij}-\bar{x}_i)(x_{ij}-\bar{x}_j)^T.$$

在此基础上，如果之前提到的假设不成立，或者考虑先验概率等信息，可以得到其他类型的判别分析，这里不再介绍．

13.3　主成分分析与因子分析

在进行回归分析等问题时，往往需要考虑与其相关的很多指标，但这些指标可能具有很强的内在关联性，不仅造成了信息的重叠，还增加了问题的复杂性．在这样的背景下，

研究人员希望构建数学模型，在尽可能保留原始信息的情况下将原有的大量指标变成少数几个指标，实现降维和简化问题的目的.

常见的降维方法有主成分分析和因子分析. 其中主成分分析是将原有的指标通过线性组合变成少数几个综合指标，也称主成分；而因子分析则使用少数几个综合因子归结原有的指标，更能描述原始变量间的相关关系. 识别出主成分与因子不是最终的目标，它们经常与其他方法结合使用，如回归分析等.

（一）主成分分析的模型形式

设某问题涉及 p 个指标，其构成随机向量 $x=(x_1,x_2,\cdots,x_p)^T$，协方差阵为 $\sum$. 对 x 进行如下线性变换得到 p 个主成分，其构成向量 $y=(y_1,y_2,\cdots,y_P)^T$：

$$\begin{cases} y_1 = a_{11}x_1 + a_{12}x_2 + \cdots + a_{1p}x_p \\ y_2 = a_{21}x_1 + a_{22}x_2 + \cdots + a_{2p}x_p \\ \vdots \\ y_p = a_{p1}x_1 + a_{p2}x_2 + \cdots + a_{pp}x_p. \end{cases} \tag{13-1}$$

该变换可记作 $y=Ax$，其中 $A=(a_1,a_2,\cdots,a_p)^T$. 模型要求各主成分互不相关且方差尽可能大，因此施加如下约束：

（1）$a_i^T a_i = 1, i=1,2,\cdots,p$；

（2）y_i 与 y_j 不相关，$i \neq j; i,j=1,2,\cdots,p$；

（3）y_1 是 x 的一切线性组合中方差最大者；y_2 是满足与 y_1 不相关的 x 的一切线性组合中方差最大者；y_3 是满足与 y_1,y_2 不相关的 x 的一切线性组合中方差最大者，以此类推.

依此法求解的 p 个主成分方差依次递减，通常只挑选几个方差最大的主成分，这些主成分的个数远小于 p，因此可以达到简化问题的目的.

记 $\sum$ 从大到小排列的特征根为 $\lambda_1,\lambda_2,\cdots,\lambda_p$，则主成分变换矩阵 A 中的 a_i（$i=1,2,\cdots,p$）为 λ_i 对应的标准正交特征向量.

主成分有如下性质：

（1）y 的协方差阵为对角阵，其对角线元素为 $\lambda_1,\lambda_2,\cdots,\lambda_p$. 由上述性质，可定义 $\alpha_i = \dfrac{\lambda_i}{\lambda_1+\lambda_2+\cdots+\lambda_p}$ 为第 i 个主成分的方差贡献率；同时称所选主成分方差贡献率之和为累积方差贡献率，通常选取的主成分的累积方差贡献率应超过 80% 为宜.

（2）$\rho(y_i,x_j) = \dfrac{a_{ij}\sqrt{\lambda_i}}{\sqrt{\sigma_{jj}}}, i,j=1,2,\cdots,p.$

(3) $\sum_{j=1}^{p}\rho^2(y_i,x_j)\sigma_{jj}=\lambda_i$.

(4) $\sum_{i=1}^{p}\rho^2(y_i,x_j)=1$.

其中，$\rho(y_i,x_j)$ 称为因子负荷量，表示第 i 个主成分与原始变量 X_j 间的相关系数，σ_{jj} 为 σ 第 j 行 j 列 $(j=1,2,\cdots,p)$ 对角线元素．因子负荷量度量了主成分的主要成因，在主成分解释中有重要依据．由上述性质，因子负荷量与变换矩阵中的系数成正比，但也与原始变量的标准差成反比，因此在解释原始变量对主成分的影响时，不能仅看变换矩阵中的系数，还需要看因子负荷量．

求解主成分不仅可基于协方差矩阵，还可基于相关系数矩阵，将其原始变量标准化后再进行线性变换得到主成分．基于相关系数矩阵求解后的因子负荷量只与变换矩阵中的系数有关，因此可直接根据该系数解释原始变量对主成分的影响，但基于相关系数矩阵求解会损失原始变量本身的离散程度差异信息．通常在原始变量的数量级差距很大的情况下，可以考虑对数据标准化后使用相关系数矩阵求解，否则基于协方差矩阵求解更为适宜．另外，主成分分析仅对原始变量的数据结构进行变换，因此不要求其来自正态总体．

（二）因子分析

设某问题涉及 p 个指标，将其标准化后得到随机向量 $x=(x_1,x_2,\cdots,x_p)^T$，协方差阵为 $\sum$．由于变量已标准化，此时协方差阵即为相关系数阵．记 $F=(F_1,F_2,\cdots,F_m)^T$ 为不可观测的 m（m 远小于 p）个公共因子组成的向量，其均值为 0，协方差阵为单位阵．则因子分析的模型可表示为如下形式：

$$\begin{cases} x_1=a_{11}F_1+a_{12}F_2+\cdots+a_{1m}F_m+\varepsilon_1 \\ x_2=a_{21}F_1+a_{22}F_2+\cdots+a_{2m}F_m+\varepsilon_2 \\ \vdots \\ x_p=a_{p1}F_1+a_{p2}F_2+\cdots+a_{pm}F_m+\varepsilon_p. \end{cases} \tag{13-2}$$

其中，$\varepsilon=(\varepsilon_1,\varepsilon_2,\cdots,\varepsilon_p)^T$ 为 p 个特殊因子组成的向量，表示原始变量不能被公共因子解释的部分，它们与 F 独立，均值为 0，协方差阵为对角阵：

$$\mathrm{cov}(\varepsilon)=\begin{pmatrix} \sigma_{11}^2 & & & \\ & \sigma_{22}^2 & & \\ & & \ddots & \\ & & & \sigma_{pp}^2 \end{pmatrix}.$$

因子分析模型的矩阵形式为：$x = AF + \varepsilon$. A 称为因子载荷矩阵，其元素表示公共因子与原始变量间的相关系数，每一行的平方和表示 $X_i(i = 1,2,\cdots,p)$ 的变量共同度，记作 h_i^2，则有如下关系：

$$\operatorname{var}(x_i) = 1 = h_i^2 + \operatorname{var}(\varepsilon_i) = h_i^2 + \sigma_{ii}^2.$$

每一列的平方和表示公共因子 $F_j(j = 1,2,\cdots,m)$ 的方差贡献率，记作 g_j^2，该值越大表示公共因子 F_j 对原始变量的影响越大.

一般而言，因子分析中公共因子数目的确定可以借鉴主成分分析中提取的主成分数目. 如果假定公共因子和特殊因子均服从正态分布，则可写出原始变量 X 的多元正态密度函数，从而构造仅依赖于载荷矩阵和特殊因子方差的似然函数，从而求得载荷矩阵和特殊因子方差的极大似然估计.

因子模型建立后，需要反过来考察每个样品在公共因子上的表现. 例如对学生的各科成绩建立因子分析模型后，需要了解哪些同学在文科因子上的表现更好，哪些同学在理科因子上的表现更好. 与主成分分析的变换矩阵可逆不同，因子分析的载荷矩阵不可逆. 此时可以用线性回归的思想求得因子得分矩阵的估计值为：$A^T \sum^{-1}$. 在求出因子得分矩阵后，可按方差贡献率对因子得分进行加权求出每个样品的总得分，以评价其表现的优劣. 当因子较少时，也可将因子得分绘制成二维或三维图，以直观分析每个样品的表现.

第 14 章　时间序列分析

【学习目标与要求】

1. 了解时间序列分析模型的一般构建流程；
2. 掌握 ARMA 模型的构建方法；
3. 掌握 ARIMA 模型的构建方法.

在自然界和人们的经济、社会活动中常会遇到按照时间顺序排列的数据，如气温、气压、降雨量、湿度等气象资料，某种品牌商品的月销售量，股票行情的每日走势，网络流量的检测记录，国民经济各项指标逐年、逐月的变化等．这样的数据称为时间序列，它表达了产生该序列的发展过程的全部数量信息，既由于受到各种偶然因素的影响而表现出随机性，又因为其历史趋势会延续到未来而呈现出某种规律性，序列的相邻数据之间也可能存在一定的相关性.

研究时间序列内在的统计特性，获取人们需要的准确信息，建立相应的数学模型，基于历史数据对序列的未来发展做出预测，是时间序列分析的主要任务．时间序列分析是一种统计学方法，相比于动力系统和随机过程等数学建模方法，时间序列分析主要从数据出发，处理数据具有内在演化规律、但演化机理不够明确的问题.

以研究重心区分，时间序列分析分为时域和频域两类，其中时域分析主要研究变量随时间的变化规律，频域分析主要研究变量在周期频率方面的规律．本章只简单介绍一元时域时间序列分析.

14.1 时间序列分析的一般流程

时间序列分析通常包括以下步骤：

1. 结合实际问题的内在规律，尽可能剔除时间序列的确定性趋势.

一般而言，一个时间序列可以分解为长期趋势 T_t、循环波动 S_t、季节性变化因素 I_t 和随机波动几类影响因素. 在进行时间序列分析之前，应首先结合实际问题的内在规律，尽可能剔除其中较为明显的确定性趋势，再对“随机”序列进行分析.

各因素之间的常用模型包括：

（1）加法模型 $x_t = T_t + S_t + I_t$；

（2）乘法模型 $x_t = T_t \cdot S_t \cdot I_t$；

（3）混合模型 $x_t = S_t \cdot T_t + I_t$ 或 $x_t = S_t \cdot (T_t + I_t)$.

请读者就不同的实际问题，解释以上三类模型的适用范围.

一般而言，循环波动趋势 S_t 或季节性变化因素 I_t 主要结合实际问题的内在规律得出，而长期趋势 T_t 可以同时结合数据处理方法分析. 例如，结合数据插值和拟合等方法，建立线性趋势模型或简单的多项式趋势模型等. 具体包括：

（1）线性趋势模型：$x_t = a + bt + W_t$，其中 $E(W_t) = 0, Var(W_t) < \infty$，即 $T_t = a + bt$；当序列的一阶差分近似相等时，推荐选择此模型；

（2）二次曲线模型：$T_t = a + bt + t_2$，当序列的二阶差分近似为常数时，推荐选择此模型；

（3）指数曲线模型：$T_t = ab^t$，当序列的一阶差比率近似为常数时，推荐选择此模型；

（4）对数曲线模型：$T_t = a + b\ln t$；

（5）其他常用的可线性化的曲线趋势模型，参见上一章的表 13－1；

（6）其他常用的不可线性化的曲线趋模型，参见表 14－1；当一阶差分的一阶差比率近似为常数，选择修正指数曲线模型；当对数一阶差分的一阶比率近似为常数，选择龚铂兹曲线模型.

表 14－1　　常用的不可线性化的曲线趋势模型

名称	函数形式
修正指数模型	$y = a + bc^t$
龚铂兹趋势模型	$y = \exp(a + bc^t)$
皮尔曲线模型	$y = \dfrac{1}{a + bc^t}$

在识别序列长期趋势时，为避免随机项的干扰，有时需要先对序列进行滑动平均处理，例如，令

$$\hat{x}_n = \frac{x_{n-1} + x_n + x_{n+1}}{3}.$$

有时，认为邻近时段数据对未来的影响比远端时段数据的影响要大，应该赋予它们不同的权重，可以取 $0 < \alpha < 1$，并令

$$\hat{x}_{k+1} = \alpha x_k + (1-\alpha)\hat{x}_k, k = 1, 2, \cdots, n, \hat{x}_1 = x_1.$$

2. 建立合适的时间序列模型，狭义的时间序列分析主要指这一步.

在剔除了时间序列的确定性趋势后，原则上序列应满足平稳性条件：

（1）$EX_t^2 < \infty$，$\forall t \in T$；

（2）$Ex_t = \mu, \mu = const$，$\forall t \in T$；

（3）$\gamma(t,s) = \gamma(k, k+s-t)$，$\forall t, s, k \in T$ 且 $k + s - t \in T$.

对于平稳序列，我们可以借用常见的简单序列，构建时间序列模型. 这一思想与以多项式为基底进行多项式插值有类似之处. 不同的是，对于时间序列，我们一般认为相邻时刻的变量取值并非独立的，而是有所关联，即序列的自协方差

$$\gamma(t,s) = E(X_t - \mu_t)(X_s - \mu_s)$$

和自相关系数

$$\rho(t,s) = \frac{\gamma(t,s)}{\sqrt{DX_t \cdot DX_s}}$$

在 t 和 s 较近时通常非零. 因此在选择基本模型时通常要考虑到序列的自协方差的有关性质，常见的模型包括 ARMA 模型、ARIMA 模型等，下文将具体介绍.

3. 对残差序列进行白噪声检验.

理论上，经过合理的时间序列分析建模后，真实序列与模型之间的残差序列应该是所谓的纯随机序列，也称白噪声序列，它满足如下两条性质：

（1）$EX_t = \mu$，$\forall \in T$；

（2）$\gamma(t,s) = \begin{cases} \sigma^2, t = s \\ 0, t \neq s \end{cases}$，$\forall t, s \in T$.

因此，残差序列是否为白噪声序列，是检验时间序列模型优劣的重要标准. 白噪声检验是时间序列分析的重要步骤. 其原理主要依赖如下表述的 *Barlett* 定理：

定理 14.1 如果一个时间序列是观察期数为 n 的纯随机序列，那么该序列的延迟非零期的样本自相关系数将近似服从均值为零，方差为序列观察期数倒数的正态分布

$$\hat{\rho}_k \dot{\sim} N\left(0,\frac{1}{n}\right), \forall k\neq 0.$$

其中，样本自相关系数

$$\hat{\rho}_k = \frac{\sum_{t=1}^{n-k}(x_t-\bar{x})(x_{t+k}-\bar{x})}{\sqrt{\sum_{t=1}^{n-k}(x_t-\bar{x})^2}\sqrt{\sum_{t=1}^{n-k}(x_{t+k}-\bar{x})^2}}.$$

从而白噪声检验的原假设为：延迟期数小于或等于 m 期的序列值之间相互独立，即

$$H_0: \rho_1=\rho_2=\cdots=\rho_m=0, \forall m\geqslant 1.$$

备择假设为：延迟期数小于或等于 m 期的序列值之间有相关性，即

$$H_1: 至少存在某个\ \rho_k\neq 0, \forall m\geqslant 1, k\leqslant m.$$

可以用如下两个检验统计量进行检验：

$$Q = n\sum_{k=1}^{m}\hat{\rho}_k^2 \sim \chi^2(\mathrm{m})$$

或

$$LB = n(n+2)\sum_{k=1}^{m}\left(\frac{\hat{\rho}_k^2}{n-k}\right)\sim \chi^2(\mathrm{m}).$$

其判别原则为：

当检验统计量大于 $\chi_{1-\alpha}^2(m)$ 分位点，或该统计量的 p 值小于 α 时，则可以以 $1-\alpha$ 的置信水平拒绝原假设，认为该序列为非白噪声序列；

当检验统计量小于 $\chi_{1-\alpha}^2(m)$ 分位点，或该统计量的 p 值大于 α 时，则认为在 $1-\alpha$ 的置信水平下无法拒绝原假设，即不能显著拒绝序列为纯随机序列的假定. 如果某一时间序列模型的残差序列属于这种情况，则一般认为该模型对原数据的模拟程度较好.

14.2 ARMA 模型

最常用的平稳时间序列模型是 ARMA（自回归移动平均，Auto-regressive Moving

Average）模型，它有两个表示阶数的参数 p 和 q，ARMA(p,q)的基本形式可以表示为：

$$x_t=\phi_0+\phi_1x_{t-1}+\cdots+\phi_px_{t-p}+\varepsilon_t-\theta_1\varepsilon_{t-1}-\cdots-\theta_q\varepsilon_{t-q}.$$

其中，$\phi_p\neq 0,\theta_q\neq 0,E(\varepsilon_t)=0,\mathrm{Var}(\varepsilon_t)=\sigma_\varepsilon^2$ 且 $E(\varepsilon_t\varepsilon_s)=0,\ \forall s\neq t,Ex_s\varepsilon_t=0,\ \forall s<t.$ $1-\phi_1z-\cdots-\phi_pz^p$ 称为特征多项式，平稳性条件为特征多项式的根都在单位圆外. 特别地，当 $\phi_0=0$ 时，也称模型为中心化的 ARMA(p,q)模型.

ARMA 模型有两个常见特例，即 AR（自回归）模型和 MA（移动平均）模型. 其中 p 阶自回归模型 AR(p)可以表示为：

$$x_t=\phi_0+\phi_1x_{t-1}+\cdots+\phi_px_{t-p}+\varepsilon_t.$$

而 q 阶移动平均模型 MA(q) 可以表示为：

$$x_t=\phi_0+\varepsilon_t-\theta_1\varepsilon_{t-1}-\cdots-\theta_q\varepsilon_{t-q}.$$

关于扰动项与变量的约束条件与 ARMA 模型类似，不再赘述.

ARMA 模型是最基本的平稳时间序列模型，ARMA 的参数估计大致分为定阶和估参两步，即先大致识别出模型的类型（AR，MA 或 ARMA）及估计对应的阶数，再对指定阶数模型进行参数估计.

这里定阶方法不是绝对的，例如所谓 AIC 准则（最小信息量准则），其检验统计量为

$$\mathrm{AIC}=n\ln(\hat{\sigma}^2)+\frac{2S}{N}.$$

这里 S 是指模型的未知参数的总数，对于 AR(p)模型，$S=p$，对于 MA(q)模型，$S=q$，对于 ARMA(p,q)模型，$S=p+q$；$\hat{\sigma}^2$ 是用某种方法得到的对方差 σ^2 的估计，N 为样本大小.

用 AIC 准则定阶是指在 p,q 的一定变化范围内，寻求使得 AIC(S)最小的点$(\hat{p},\hat{q})$作为(p,q)的估计.

但在样本容量趋于无穷大时，由 AIC 准则选择的模型不收敛于真实模型，它通常比真实模型所含的未知参数个数要多，由此也可以参考其他准则，例如 SBC 准则，其统计量为

$$SBC=n\ln(\hat{\sigma}^2)+\ln(n)S.$$

其定阶方法与 AIC 准则类似.

在识别模型类型并定阶后，下一个主要步骤即对模型中的参数进行估计. 常见的估计方法有矩估计、极大似然估计、最小二乘估计等. 常见软件在输入阶数后，都可以自动返回参数估计结果.

当一个拟合模型通过了检验，说明在一定的置信水平下，该模型能有效地拟合观察值序列的波动，但这种有效模型并不是唯一的. 可以在现有模型附近阶数进行微调，选择相对最优的模型，直至残差序列通过白噪声检验.

14.3 常见的非平稳模型

我们不一定总是能够通过实际含义将序列转化为平稳模型，有时需要对非平稳模型直接进行时间序列分析. 其中最常见的方法是差分法. Cramer 分解定理在理论上保证了适当阶数的差分一定可以充分提取确定性信息. 差分运算的实质是使用自回归的方式提取确定性信息.

序列蕴含着显著的线性趋势，一阶差分就可以实现趋势平稳；序列蕴含着曲线趋势，通常低阶（二阶或三阶）差分就可以提取出曲线趋势的影响；对于蕴含着固定周期的序列进行步长为周期长度的差分运算，通常可以较好地提取周期信息.

一般地，ARIMA(p,d,q)模型是指差分 d 次后为 ARMA(p,q)模型的时间序列. 特别地，$d=1,p=q=0$,ARIMA$(0,1,0)$模型即随机游走模型. 此外需要注意，虽然足够多次的差分运算可以充分地提取原序列中的非平稳确定性信息，但过度的差分显然会造成有用信息的浪费. 因此 ARIMA 模型中 d 一般不会太大.

【练习 14.1】

本课程已经介绍了很多种“时变变量”的建模方法，如插值、微分方程、随机过程、时间序列等，请仔细分析这些方法的异同，从而明确不同方法的主要适用范围.

下篇

实验篇

第 15 章　LaTeX 入门

【学习目标与要求】

1. 掌握数学公式的 TeX 化表达；
2. 掌握 TeX 公式排版的基本方法；
3. 熟悉 TeX 图表排版的基本方法.

LaTeX 是目前学术界最为通用的数学专业排版软件，这是一种开源的编程式排版软件，但基本操作较为简单，教学实践表明，大部分本科学生可以在 2—4 学时左右轻松上手.

此外，LaTeX 提供了一种目前国际通用的数学公式标准化表达，在网络搜索引擎、MATLAB 和 mathtype 等常用数学软件均有应用. 因此数学专业的学生有必要对该软件有一定了解.

15.1　LaTeX 下载、运行与调试

中文版 TeX 的常见下载地址为 https://tug.org/texlive 或 http://www.ctex.org.

LaTeX 的使用主要包括模板编辑和内容填写两部分，普通用户一般只关心内容填写即可，大部分的期刊和会议都提供自己的模板下载. 也可以在相关论坛上搜索常见格式的 TeX 模板.

建议学习任何一门软件，尽可能综合使用阅读教材、查阅自带帮助、搜索网络信息、咨询专家和亲身实践等方式. 如果目标是入门而非精通，则更推荐后四种方式，尤其是亲身实践. 很多高校网络论坛均有 TeX 版面，也可以用于搜索相关信息及发帖求助. 利用关键词“LaTeX”加目标问题关键词，通过百度等常见搜索引擎，可以解决初学者的绝大多数问题.

LaTeX 的自带帮助界面主要有两个方式激活：(1) 点击主界面中的 $\sum$ 状图标，可以列出常见命令提示；(2) 在主菜单的 Insert 子菜单中选择常见的矩阵、图表等输入提示.

LaTeX 是一个编程式排版软件，在文档录入完毕后，点击主菜单 TeX 下的 TeXify 或中间的快捷图标即可编译. 大部分的版本可以选择直接编译为 pdf 文件，或者先编译为 dvi 文件，再使用主菜单上的 dvi to pdf 功能转化成 pdf 文件.

与大部分编程软件一样，编译结果中会提示 Errors 和 Warnings 的个数，以及对应的错误提示. 一般而言，Warnings 不会导致无法编译，可以暂时使用回车跳过，再根据编译出的结果进行必要的修正.

LaTeX 与 WORD 等所见即所得的排版软件在使用习惯上有一定差异，建议初学者养成每写几行就存盘编译的习惯，从而便于自己正确识别语法错误.

15.2 LaTeX 文本与公式录入

LaTeX 的文本和公式录入可以分为中英文输入、单行公式录入、矩阵及可视为矩阵的其他公式录入几类，下面依次介绍.

(一) 中英文输入

在一般模板的\begin{document}和\end{document}之间就可以正常输入中英文了，与 WORD 的唯一区别是 LaTeX 界面下普通回车没有实际含义，如果想要另起一段，可以考虑加一个空行或者使用\\换行.

(二) 单行公式录入

首先需要说明的是，LaTeX 有很多命令分别有几种相同或相近的格式，如果没有特殊要求，通常仅熟悉其中一种即可. LaTeX 主要有以下三种不同的公式环境，无论哪种环境，其内部的空格与回车均没有实际含义，只视为分隔符使用.

（1）前后用 \$ ... \$ 隔开的为行进间公式；

（2）前后用 \$\$ ... \$\$ 隔开的为单行居中公式；

（3）前后用\begin{equation}和 \end{equation}隔开的为单行居中公式，且缺省值为公式右侧加序号.

LaTeX 用“^”表示上标，“_”表示下标，“%”表示注释，用“{}”将一部分内容括起来视为整体. 一些常见的代表性的符号输入法参见表 15－1.

表 15－1　　常见数学符号的 TeX 命令

类型	举例	LaTeX 命令
常用函数	$\sin x$	\sin x
小写希腊字母	σ	\sigma
大写希腊字母	Σ	\Sigma
上下标	x^{a_2}	x^{a_2}
上下标	x^a_2	x^a_2
分式	$\frac{2x}{3y}$	\frac{2x}{3y}
根式	$\sqrt[2]{x^2+y^2}$	\sqrt[2]{x^2 + y^2}

例 15.1　在正文中输入 \$\$ {\rm e}^{2{\rm\pi} i} =1. \$\$，即可输出

$$e^{2\pi i}=1.$$

其中，\rm 表示从当前位置起将字体调整为正体，用大括号括起来表示大括号内部的部分调整为正体. 其他符号的含义请读者参考表 15－1 自行分析.

【练习 15.1】

请猜测在公式环境下输入以下命令的结果，并用软件验证你的猜测.

```
$$sinalpha$$
$$sin  alpha$$
$$\sinalpha$$
$$\sin  alpha$$
$$\sin\alpha$$
$$\sin  \alpha$$
$$\sinx$$
$$\sin  x$$
```

（三）矩阵录入

我们以一个完整的例子展示矩阵的录入方法.

```
$$\left [
\begin{array}{lrcc}
a_{11} & a_{12} &\cdots & a_{1n} \\
a_{21} & a_{22} &\cdots & a_{2n} \\
123456789 & 4567890 & 54321 & 987654321\\
\end{array}
\right] $$
```

以上命令的输出结果是

$$\left[\begin{array}{lrcc} a_{11} & a_{12} & \cdots & a_{1n} \\ a_{21} & a_{22} & \cdots & a_{2n} \\ 123456789 & 4567890 & 54321 & 987654321 \end{array}\right]$$

由此可见，矩阵环境通常以\begin{array}和\end{array}隔开，且在 begin 后用大括号括出矩阵每一列的对齐方式（l,r,c 分别代表左、右、居中对齐）. 矩阵元素逐行逐列输入，列与列之间用 & 分隔，行与行之间用\\分隔. 默认矩阵不包含外侧括号，如果需要添加括号可以在矩阵外嵌套，对应命令的关键词是\left 及\right.

矩阵录入是 LaTeX 的核心技巧，很多其他公式常视为矩阵进行输入，例如分段函数

$$f(x)=\left\{\begin{array}{lc} 1, & x \geqslant 0, \\ 0, & x<0. \end{array}\right.$$

可以通过如下命令实现

```
$$
f(x) = \left\{
\begin{array}{lc}
1,& x\geqslant 0,\\
0,& x < 0.
\end{array}
\right .
$$
```

注意在矩阵左侧有括号而右侧没有括号时，需要对应使用“\right .”命令，此时的“.”仅作标记符使用.

15.3 LaTeX 图表录入

LaTeX 图表录入与 WORD 有较大区别，也可以视为评判对该软件是否入门的标志. 但其实它的基本思想也并不复杂.

（一）表格

表格可以视为带制表线的矩阵，因而其输入方式与矩阵类似，例如

```
\begin{table}[htp]
\centering
\caption{这里输入标题}
\begin{tabular}{|c|c|c|}
\hline
a& b& c
\end{tabular}
\end{table}
```

就是一个简单的制表命令，其中\begin{table}及\end{table}表示表格环境. 中括号里的 htp 表示表格在正文中的排版位置，软件将根据 h-t-p 的顺序尝试将表格进行排版，h 代表此处，t 代表页首，p 代表浮动页面. htp 是最常用的参数设置，大部分情况下用这个设置即可，更多参数设置的说明请自行搜索.

这段命令的其他部分与一般矩阵的区别只有简单的几处，建议读者先猜测一下它的编译结果，再据此分析制表命令的一般规则.

（二）插图

实现 LaTeX 插图需要借助其自带的 graphicx 宏包. 在插图命令之前的任意位置，需要使

用\usepackage{graphicx}引用宏包，建议将该命令放在整个文件的最开头，也就是模板设置的部分里.

在引用宏包后，采用 includegraphics 命令插入图片，常见格式为：

```
\begin{figure}[htp]
\includegraphics[width=图的宽度]{图片文件的文件名.文件名后缀}\\
\caption{图的标题}\label{图的序号}
\end{figure}
```

其中，图的宽度可以借助常见物理单位表示，如 1.5cm,3pt 等. TeX 软件将根据目标大小对要插入的图片进行等比例放缩.

插图时建议提前将图片文件放入 tex 文件的同一子目录下，否则需要在图片文件名前加入所在路径，输入文件名必须加后缀，常见的可用于插图的文件后缀名为 .eps,.jpg,.jpeg 等，早期版本推荐优先使用矢量图 .eps 的图片格式.

此外，无论表格还是插图，均可通过点击主菜单中的 Insert – Objects 菜单，直接将对应命令的主体框架提示出来，再根据需要在对应位置修改即可.

【练习 15.2】

利用 TeX 自带帮助系统，结合网络工具搜索以下符号的录入方式：

(1) 空格；(2) 上划线 $\overline{abc}$；(3) $\sqrt[n]{abc}$；(4) 实数集 $\mathbb{R}$；(5) 各种省略号；(6) 无穷；(7) $\exists\ \forall$；(8) $\pm$；(9) $\approx \sim \neq \rightarrow$；(10) 级数与积分；(11) 在正文中插入一段程序代码；(12) 将较长的一段 LaTeX 代码整体注释掉.

【练习 15.3】

在熟悉了基本操作后，独立思考，实现以下几种特殊符号的排版：

(1) 分块矩阵；(2) 以矩阵乘法格式表达的二维线性空间上的线性变换；(3) 在同一行插入两张图片；(4) 在同一位置插入三张图片，使其构成“品”字型. (5) 分三段（三行）表达的函数，在第一段和第三段右侧对公式进行编号，中间一段不编号.

第 16 章　信息检索与文献综述

【学习目标与要求】

1. 了解文献检索的常见途径；
2. 了解数学信息检索的特殊问题及解决方法；
3. 掌握文献综述的基本方法.

为了建立好的数学模型，需要对背景问题与数学方法都有比较深刻的理解，但我们平时不可能对每个领域都有足够的知识储备，因此在建模之前查阅相关领域前人的资料就显得非常重要. 所谓**信息检索**即指根据需要查找相关信息，并将信息进行一定的加工、甄别和整理，从而用于新的研究.

标准的科技论文要求利用一定的篇幅将相关领域的研究进行**文献综述**，即通过搜集、阅读、分析和整理大量相关文献资料，提炼当前课题的研究历史和最新进展，从而做出综合性介绍和阐述.

信息检索和文献综述是科学研究的两个重要环节，是一切数学建模的基础步骤，也是网络时代的重要技能. 这两方面的技能均需长期的积累，本节仅就这两项技能做简单的启发性练习.

16.1 数学信息检索

与其他领域中的信息检索相比，数学相关的信息检索主要有两个特殊困难：一是现行网络检索工具没有完美兼容数学的符号化语言；二是网络上数学信息的信噪比很低，错误言论层出不穷，需要认真甄别，才能做到“不传谣、不信谣”. 因此，尽管至今并没有完整规范化的数学信息检索流程，我们仍必须尝试练习该技能. 这里仅提出几点建议：

1. 在使用百度和谷歌等搜索工具时，可以使用 LaTeX 形式输入公式. 例如，想搜索勾股定理相关的内容，输入“a^2 + b^2 = c^2”会比“a2 + b2 = c2”得到的结果更准确.

2. 推荐 Wolfram 等在线搜索工具. 例如，在求解某些复杂的不定积分时，Wolfram 不仅能给出其是否有显式表达式，还能够给出具体的积分步骤，比自己动手积分要简便得多，参见本书 19.3 节.

3. 在使用百度和谷歌等搜索工具时，要对信息来源综合比较，不要轻信一两条言论，同时结合经典教材理解网络信息. 例如，在学习 MATLAB 作图时，很容易搜索到 plot、plot3、surf、ezsurf、mesh 等关键命令，但不建议随意参考网络上的“教学帖”，而是打开 MATLAB 软件，利用系统自带的 Help 功能查看它的详细用法. 不要无视“官方攻略”的存在，而过分相信陌生网友的“游戏心得”.

4. 类似地，对于未知的数学方法，建议先利用基础网络搜索工具判断出它隶属的专业学科，再直接查阅专业教材或学术论文，必要时去图书馆搜索纸质资源. 不能因为网络资源便捷就单纯参考贴吧、博客上所谓的经验帖.

【练习 16.1】

通过搜索网络资源，评价“所有自然数之和是 $-\frac{1}{12}$”这一说法.

16.2 文献检索

文献调研是科学研究工作的第一步. 通过对数据库的检索，全面系统地进行相关文献的调研，可以为后续研究打下坚实基础．利用数据库资源进行文献检索是当代大学生都应掌握的基本技能．

文献检索的信息源可以大致分为谷歌、百度等网络搜索引擎和专业文献数据库两类．通过网络搜索引擎可以获得一些很好的资源，但不应过度依赖，首选的信息源还应该是专业文献数据库．大学图书馆通常都会购买一定的数据库资源，要学会充分利用．

针对数学方面的文献检索，主要推荐 Web of Science（SCI）以及中国知网的研究生学位论文库．其中，Web of Science 收集了相对规范的数学类论文，比知网等数据库更适合数学类学术研究的需要．而推荐学位论文数据库的原因，是学位论文要求对相关领域的研究进展做较为完整的文献综述．所以初学者通过学习优秀的硕博士论文中文献综述部分，无论是学习文献综述撰写方法还是想要了解一个领域的整体研究进展，往往都有事半功倍的效果．

文献检索的方法可以大致分为以下三类：

1. 直接法，直接利用检索工具查找文献．文献的选择标准应为“经典 + 前沿”．对文献检索结果按时间排序可以获得比较前沿的文献，按被引频次排序可以发现经典的文献．通过论文的被引频次，以及期刊的影响因子可以初步判断一篇论文在业内的评价．一般而言，“他引率”较高的论文，往往是相关领域的重要工作，在开展自己的研究工作之前有必要对其有足够的了解．

以 Web of Science 为例，可以通过主题、标题、作者以及出版物名称等检索途径进行检索，在检索首页还可以进行数据库的设置以及时间跨度的选择．通过检索结果页面，可以选择创建引文报告，根据引文报告判断该研究领域的总体趋势；通过学科选择，可以快速精炼出目标学科的文献，也可以筛选不同的文献类型，例如研究论文、书评和文献综述等；通过被引频次排序，可以快速锁定高影响力的文献．

2. 追溯法，是根据已有文献，通过前溯和后溯其参考文献，顺藤摸瓜式的文献检索方法．通常，中国知网、Web of Science 等数据库均会在文献的引文网络中列明该文献所引用的参考文献．因此，通过追溯法进行文献检索较为直观、方便，但是也会有查全率低、漏检率高的问题．

3. 综合法，也称分段法、循环法或交替法，是直接法和追溯法两种方法的结合．既可以提高文献检索的效率，也会获得更加全面详细的文献调研结果．

可见文献检索技能也没有严格的流程，不是通过简单搜索能一蹴而就的，需要我们耐下心来查找、归类、整理，并在实践中不断学习总结文献检索的方法与技巧．

例 16.1　接下来，我们通过一个具体的例子来简单介绍一下如何进行文献检索．比如，我们想要研究时间序列模型中的 ARIMA 模型在股票市场中的应用．

首先，我们在中国知网期刊数据库的搜索框中输入“ARIMA␣股票”．通过可视化分析可以看到每一年期刊发表的数量和趋势，从而初步判断我们的选题是否具有研究热度和意义.

将检索结果按照被引频次排序，可以发现一些经典的文章，比如《基于 ARIMA－SVM 组合模型的股票价格预测》和《基于 ARIMA 模型的短期股票价格预测》两篇文章，均获得了 30 次以上的被引频次，可以优先参考.

将检索结果按发表时间排序，发现 2018 年以来新发表的文章已经不再仅仅局限于简单的 ARIMA 模型在股票价格预测的应用，而是在 ARIMA 模型的基础上加入了如小波分析、神经网络等更多的前沿模型理论，例如《基于深度学习 LSTM 神经网络的全球股票指数预测研究》《基于小波神经网络与 ARIMA 组合模型在股票预测中的应用》《基于平滑 ARIMA－LS－SVM 组合模型的股价预测研究》和《基于 ARIMA 模型与神经网络模型的股价预测》等. 这说明传统 ARIMA 模型在股票价格预测问题上已经研究较为深入，不适合再简单地以该主题为论文主要内容，而需要适当考虑其他数学建模方法.

通过文献检索我们可以发现研究领域中的热点问题，也可以在自己的选题基础上更加清晰地明确具体的研究方向. 此外，我们也可以选定一篇比较有价值的文献，根据它的引文网络回溯该领域的重要文献，由此获得更多一手的文献参考资料.

此外，在文献检索过程中，对已经搜到的资源的整理也是极其重要的. 文献管理的方法大致有两种：

1. 手动管理. 即手动进行主题归类分类，记笔记、归纳评述.

2. 借助文献管理工具. 手动管理比较麻烦耗时，这种方法相对来说更加简便容易. 文献管理软件通常具备题录管理、收集和使用的功能，可以与 Word 相关联，自动生成所需格式的参考文献. 常用的文献管理软件有 Endnote、NoteExpress 等.

【练习 16.2】

通过网络信息检索或文献检索，总结常见的可以求解、但不能利用牛顿—莱布尼茨公式求解的定积分问题，即定积分的值存在且较为简单，但对应的不定积分没有显式表达式的情况.

【练习 16.3】

结合自身的常识理解，通过查阅教材或检索论文，简单比较不同领域时间序列分析研究侧重点的差异. 从表象分析，不同领域更关心具有什么特点的时间序列，或者关注时间序列的哪个指标或性质，不需要深入讨论数学方法和模型的区别.

16.3 文献综述

文献综述是研究者就某一学科或专题，在对文献进行阅读、选择、比较、分类、分析和整合的基础上，用自己的语言对其研究状况进行综合叙述和评论的文章或章节. 在论述自己的研究成果之前，一般应包括对相关问题已有研究成果的文献综述. 文献的搜集、整理、分析都为文献综述的撰写奠定了基础.

读论文要抓住它最重要的东西，要看论文中提了哪些新观点，用了什么新方法，得到了什么结论，遗留了什么问题. 同学们在进行文献综述的写作时，也应围绕论文的主要特色进行总结分析. 总的来说，文献综述的写作应注意以下几点：

1. 研究者应对有关领域的研究情况有一个全面、系统的认识和了解，对相关文献作出批判性的分析与评论. 对于正在从事某一项课题的研究者来说，查阅文献资料有助于他们从整体上把握自己研究领域的发展历史与现状、已取得的主要研究成果、存在争议的地方、研究的最新方向和趋势、被研究者忽视的领域、对进一步研究工作的建议等. 文献综述不应是对已有文献的重复、罗列和一般性介绍，而应是对以往研究的优点、不足和贡献的批判性分析与评论. 因此，文献综述应包括**综合提炼**和**分析评论**双重含义.

2. 文献综述要文字简洁，避免大量引用原文，要用自己的语言把作者的观点说清楚，从原始文献中得出一般性结论. 文献综述不是对以往研究成果的简单介绍与罗列，而是经过作者精心阅读后，系统总结某一研究领域在某一阶段的进展情况，并结合所在国家、地区、团队的具体情况和实际需要提出自己见解的一种科研工作.

3. 文献综述不是资料库，要紧紧围绕课题研究的“问题”，确保所述的已有研究成果与本课题研究直接相关，其内容是围绕课题紧密组织在一起，既能系统全面地反映研究对象的历史、现状和趋势，又能反映研究内容的各个方面.

4. 文献综述的综述要全面、准确、客观，用于评论的观点、论据最好来自一次文献，尽量避免使用别人对原始文献的解释或综述. 此外，文献综述的格式在论文写作中也十分重要，一般包括：

（1）文献综述的引言，包括撰写文献综述的原因、意义、文献的范围、正文的标题及基本内容提要；

（2）文献综述的正文，是文献综述的主要内容，包括某一课题研究的历史（寻求研究问题的发展历程）、现状、基本内容（寻求认识的进步），研究方法的分析（寻求研究方法的借鉴），已解决的问题和尚存的问题，重点、详尽地阐述对当前的影响及发展趋势，这样不但便于研究者确定研究方向，而且也便于他们了解该课题研究的起点和切入点，从而在该研究的基础上有所创新；

（3）文献综述的结论，概括指出自己对该课题的研究意见，存在的不同意见和有待解决的问题等；

（4）文献综述的附录，列出参考文献，说明文献综述所依据的资料，增加综述的可信度，便于读者进一步检索.

5. 建议初学者采用段首中心句的形式撰写文献综述，即每一段的第一句话是该段的中心句，且只将每段的第一句话连起来而不需要阅读其他部分，就能够反映出这篇综述的主要内容和整体逻辑.

【练习 16.4】

结合网络资源，搜索下列数学建模相关术语的基本含义. 然后再通过文献检索，了解这些术语相关的研究历史和进展并做简单综述.

提示：文献综述与名词解释不尽相同，除了要简单介绍名词的基本含义外，还应该包括但不限于其从源起到确立的发展简史、主要应用领域及研究成果、最新研究重点或应用领域、存在的可以进一步研究的问题（如果有的话）、与相关或相近的名词或方法的比较等.

生灭过程、支持向量机、正交拉丁方、元胞自动机、神经网络、白噪声检验、拟合优度检验、卡尔曼滤波、三次样条插值、龙格库塔法、鞍结分岔、哈密顿回路、信息熵、趋势检验、模拟退火、变分法、伊藤引理.

【练习 16.5】

通过查阅相关教材或电子资料，了解食饵—捕食者问题的基本模型，然后通过文献检索，整理该模型在经济、金融学中的应用文献，并作简单文献综述.

第 17 章　MATLAB 基本操作和矩阵运算

【学习目标与要求】

1. 了解 MATLAB 语言的基本功能和特点；
2. 熟练掌握 MATLAB 基本命令和帮助使用；
3. 了解 MATLAB 矩阵运算和符号运算.

17.1　MATLAB 简介

并不是所有的数学问题都可以借助于理论推导或手动计算求解，尤其是大型的科学与工程计算问题，需要借助计算机来完成相应的任务. 在经济金融领域的很多问题，由于数据量过大，我们也经常借助计算机辅助计算.

利用计算机求解有两种方式：其一是借助各类数值计算算法，利用计算机编程的方法求解，或者寻求专用程序软件包求解；其二是利用专门的计算机数学语言即“数学软件”来求解. 目前常用的数学软件主要包括通用数学软件，如 MATLAB、Wolfram 等；专业数学软件，如专门求解运筹与优化的 Lingo 软件，以及专门求解概率统计问题的

SAS、SPSS、R 等.

其中，MATLAB 是以工科为代表的多学科广泛应用的科学计算软件. 本课程将主要依托该软件进行一些数学模型的数值计算和数据处理工作.

MATLAB 的主菜单栏位于 MATLAB 主窗口的最上层，其中编程最常用的子菜单包括 File、Edit、Debug 等，将在后面的章节详细介绍. 本节先不考虑 MATLAB 编程，学习 MATLAB 自带的帮助和简单运算命令，只在**主界面**进行操作，并适当结合主界面上的 Help 子菜单即可. MATLAB 主界面如图 17－1 所示.

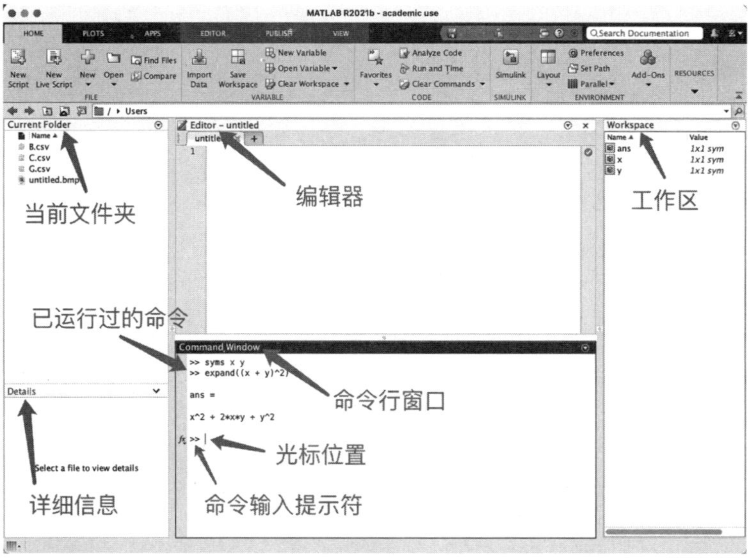

图 17－1　MATLAB 主界面示意图

如前所述，正确熟练使用软件自带的帮助系统是学好软件必不可少的重要技能. 尤其对于 MATLAB 这样较为成熟的软件，用好自带帮助系统可以省去很多网络信息搜索的麻烦. 在 MATLAB 主界面键入 help，或者针对某一个命令，输入 help␣命令名，即可弹出帮助提示.

【练习 17.1】

在主界面分别输入以下三个命令，观察系统给出的帮助提示. 据此体会 help 命令的一般用法.

```
>> help
>> help elfun
>> help sin
```

此外，在 2014 版之后的 MATLAB 还提供了内容更加丰富的名词索引式帮助文档，作为用户指南出现. MATLAB 的帮助文档显示在 MATLAB 的帮助窗口中，单击 MATLAB 用户界面上的问号按钮，即可打开 MATLAB 的帮助文档界面.

除了本地提供的帮助文件外，也可以利用 MATLAB 图形用户界面上的“Web”菜单直接访问 MATLAB 的网上资源，以及 MATLAB Central 等官方提供的论坛资源，国内很多高校的论坛上也有专门的 MATLAB 版面可以学习和求助.

另外，软件的使用属于一种技术和经验，而非数学知识，网络信息相对较为可信，通常通过简单的实践就可以辨别信息真伪. 因此对于新手而言，百度等搜索引擎也可以较为方便地解决大部分问题.

最后需要指出的是，除了参考帮助文件和网络求助外，我们仍然建议大家多以实验的方式学习数学软件，而非简单地死记硬背，参考练习 17. 2.

【练习 17. 2】

在 MATLAB 主界面分别输入 8∧(1/3),(－8)∧(1/3),32∧(1/5),(－32)∧(1/5)四个命令，观察得到的结果. 如果结果和预想的不同，猜测可能的原因.

很容易看出这里求 －8 的 1/3 次方并不是通常理解的“在实数范围内求立方根”的概念，那么如果想要得到一般预想的结果，需要怎样调整？除了上网搜索有没有特定命令能将结果限制在实数范围以外，有没有什么更快捷的处理方式可以得到想要的结果？

17. 2　MATLAB 矩阵命令

MATLAB 与一般编程语言最大的区别在于它是一个针对工程数学的专业数学软件，明显的标志之一是它大量引入了矩阵的语言，其名称 MAT－LAB 即为矩阵—实验室的简称. 虽然本质上不用矩阵的语言也同样可以完成大部分 MATLAB 编程，但还是建议用户适当了解并运用 MATLAB 的矩阵语言，在某些时候可以更突出这一软件的优势.

(一) 矩阵的创建

除了可以与一般编程语言类似地定义变量和常量以外，MATLAB 还将一般编程语言的

多元数组的概念用线性代数中矩阵的概念代替. 创建矩阵、行向量和列向量有几种常见的方法:

例 17.1 在主界面命令行窗口中键入

```
>> x = [1  3  pi  3 + 5i]
```

会给出提示

```
x =
1.0000  3.0000  3.1416  3.0000 + 5.0000i
```

可以利用 whos 命令查看当前所有变量，在主界面命令行中输入

```
>> whos
```

会给出提示

```
Name Size Bytes Class
x  1 × 4  64  double array(complex)
Grand total is 4 elements using 64 bytes.
```

除了以上逐个输入元素的方法，还有几种常见的创建向量的方法，如

```
>> x = 1:2:10
```

的输出结果为

```
x =
1  3  5  7  9
```

与很多软件类似，若间隔步长为 1，则中间的间隔步长可以省略，即写为 x = 1:10 的格式.

【练习 17.3】

一些常用特殊向量有简单创建方式，请根据下面给出的命令执行结果猜测对应函数的含义及基本用法.

```
>> x = linspace(1,2,5)
```

的输出结果为

```
x =
1.0000  1.2500  1.5000  1.7500  2.0000
```

```
>> x = logspace(1,3,3)
```

的输出结果为

```
x =
10  100  1000
```

上面创建的是行向量，如下方法可以用于创建列向量.

```
>> A = [1;2;3;4;5;6]
>> B = (1:6)'
```

以上两种方法创建的列向量是完全一致的.

类似地，可以创建一个矩阵

```
>> A = [1 2 3;4 5 6]
```

根据上文，你认为该矩阵是 2×3 阶的，还是 3×2 阶的？上机验证你的猜想. 并且简单尝试可以发现

```
>> B = [1:3;4:6]
```

得到的矩阵是相同的.

【练习 17.4】

MATLAB 同样提供了一些命令方便用户快速创建特殊矩阵. 请先猜测以下命令的含义，再上机验证你的结果.

```
A = zeros(2,3)
A = ones(3,4)
A = eye(5)
A = randn(5,6)
A = magic(5)
```

(二) 矩阵的索引和赋值

例 17.2　若已设定 A = [7,2,3,5,6,4,8;10,4,3,5,7,9,0;12,5,23,8,14,16,17;24,4,1,9,8,3,1]. 以下给出了 MATLAB 的命令行窗口中键入的一些指令及结果，读者可以据此“猜测”矩阵引用和修改赋值的一般方法.

```
>> A(3)
ans =
12
>> A([1 3 7])
ans =
7 12 5
>> A([1:3:5])
```

```
ans =
7 24
>> A([end -3:end])
ans =
8 0 17 1
>> A([1:3,5: -1:1])
ans =
7 10 12 2 24 12 10 7
>> A(3) = -3
A =
 7    2    3    5    6    4    8
10    4    3    5    7    9    0
-3    5   23    8   14   16   17
24    4    1    9    8    3    1
>> A(7,1) =10
A =
 7    2    3    5    6    4    8
10    4    3    5    7    9    0
-3    5   23    8   14   16   17
24    4    1    9    8    3    1
 0    0    0    0    0    0    0
 0    0    0    0    0    0    0
 0    0    0    0    0    0    0
>> A(7,9) =11
A =
 7    2    3    5    6    4    8    0    0
10    4    3    5    7    9    0    0    0
-3    5   23    8   14   16   17    0    0
24    4    1    9    8    3    1    0    0
 0    0    0    0    0    0    0    0    0
 0    0    0    0    0    0    0    0    0
 0    0    0    0    0    0    0    0   11
```

MATLAB 访问矩阵元素的方法参见表 17－1.

表 17－1　　使用索引访问矩阵元素的方法

矩阵元素的访问	说明
A (i, j)	访问矩阵 A 的第 i 行第 j 列上的元素，其中 i 和 j 为标量
A (I, J)	访问由向量 I 和 J 指定的矩阵 A 中的元素
A (i,:)	访问矩阵 A 中第 i 行的所有元素
A (:, j)	访问矩阵 A 中第 j 列的所有元素
A (:)	访问矩阵 A 的所有元素，将矩阵看作一个向量
A (l)	使用单下标的方式访问矩阵元素，其中 l 为标量
A (L)	访问由向量 L 指定的矩阵 A 的元素，向量 L 中的元素为矩阵元素的单下标数值

【练习 17.5】

假设 MATLAB 工作空间中已经保存了一个 5×5 的矩阵，该矩阵是某个五阶的幻方，即 >> A = magic (5) 的某次运行结果为

```
A =
17 24 1 8 15
23 5 7 14 16
4 6 13 20 22
10 12 19 21 3
11 18 25 2 9
```

尝试给出如下命令的运行结果，并上机验证.

```
>> A(2,4)
>> A(17)
>> I = [1 3 5];J = [2 4];
>> A(I,J)
```

(三) 矩阵运算

常见的矩阵运算包括

(1) diag，tril，triu，取对角阵、下三角阵和上三角阵.

(2) A' 矩阵转置，A^n 矩阵求幂，n 可以为任意整数.

(3) inv 求逆，det 求行列式，rank 求秩，eig 求特征值和特征向量，svd 对矩阵进行

奇异值分解，norm 求矩阵的范数.

（4） A + B 加法，A − B 减法，A * B 乘法，A.* B 矩阵对应元素相乘，A/B，矩阵右除，A\B，矩阵左除，A./B 矩阵对应元素相除.

这些运算都很容易操作，请自行上机练习. 值得一提的是，矩阵的运算同时也包含了矩阵和标量之间的运算，MATLAB 在处理这种运算的时候，首先对标量进行扩充，例如：

```
>> w = [1 2;3 4] +5
w =
6 7
8 9
```

17.3 MATLAB 符号运算

作为一个数学软件，MATLAB 除了数值运算以外，也提供了较为强大的符号运算功能，可以辅助进行某些抽象的表达式的运算，从而辅助求解一些理论数学问题.

符号对象的基本创建命令是 sym，如

```
>> s1 = sym('para')
s1 =
para
>> s2 = sym('M * N')
s2 =
M * N
```

在 MATLAB 中，用来构成计算表达式的运算符与数值计算中完全相同. 而关系运算符中，没有“大于”“小于”等概念，仅用“ = = ”和“ ~ = ”分别表示“相等”和“不相等”.

指令 symvar 可以找出表达式中的符号变量. 如

```
>> s3 = sym('exp( -a * x)/sin(b * y)')
s3 =
exp( -a * x)/sin(b * y)
```

```
>> symvar(s3)
ans =
[a, b, x, y]
>> symvar(s3,1)
ans =
x
```

可见 x,y 被优先视为自由变量，也就是我们常说的自变量. 此外，可以利用指令 syms 可以一次性定义多个基本符号变量

```
>> syms a b t x y          % 定义基本符号变量
>> c = sym('22')           % 定义符号常数 22
>> f = sym('M * N')        % 定义元符号表达式,含两个符号变量
>> ex1 = c + f + (sin(a * t) + b * x + log(y))        % 生成衍生符号表达式
```

运行后可得到

```
ex1 =
sin(a * t) + log(y) + b * x + M * N + 22
```

用 symvar 指令来查看符号变量

```
>> symvar(ex1)
ans =
[M,N,a,b,t,x,y]
```

注意显示结果中没有 f 和 c.

例 17.3 各种数据类型之间的转换

在 MATLAB 中，有三种主要的数据类型：双精度、符号、字符串. 每种数据类型有各自特定的操作指令，为了实现不同数据类型的交互，MATLAB 内有一系列的转换指令，其中双精度数字和字符串数字可以利用 sym 指令进行转换，例如：

```
>> sym(10)
```

注意这里,双精度数字 10 不在单引号内

```
>> s5 = sym('pi + sqrt(5)')
s5 =
pi + 5^(1/2)
>> num5 = pi + sqrt(5)
num5 =
5.377660631089583
```

```
>> diff5
diff5 =
0
>> vpa(s5 - num5)
ans =
0.0000000000000000138223758410852000485935425641 88
```

例 17.4 多项式的常见运算

MATLAB 为了适应符号运算结果显示的需要，提供了许多的操作指令，coeffs 可以列出多项式的系数，horner 可以进行嵌套式分解，factor 可以因式分解，例如：

```
>> syms x
>> s6 = x^4 - 6 * x^3 + 6 * x^2 - 6 * x + 5
>> coeffs(s6)
ans =
[5,-6,6,-6,1]
>> horner(s6)
ans =
x * (x * (x * (x - 6) + 6) - 6) + 5
>> factor(s6)
ans =
[x - 1,x - 5,x^2 + 1]
```

simplify 指令可以进行化简操作，比如有理式的约分，例如：

```
>> s7 = (x^2 - 1)/(x - 1)
s7 =
(x^2 - 1)/(x - 1)
>> simplify(s7)
ans =
x + 1
```

MATLAB 中可以进行求极限和微积分的操作，

```
limit(f,x,a)
limit(f,x,a,'right')
limit(f,x,a,'left')        % 求极限命令在,x 缺省时,自变量由 symvar 确认
dfdvn = diff(f,x,n)        % 求 f(x)对 x 的 n 阶微分,n 缺省时默认 n = 1,注意 diff 在数值
```

计算中是用于求差分的

```
r = taylor(f)
```

例 17.5　两种重要极限

```
>> syms t
>> s8 = sin (t)/t
>> s9 = (1 + 1/x)^x
>> L8 = limit(s8,0)
L8 =
1
>> L9 = limit(s9,inf)
L9 =
exp(1)
```

例 17.6　微分与积分

```
>> s10 = 2^x
s10 =
2^x
>> diff(s10)
ans =
2^x * log(2)
>> syms x
>> s11 = x * log(x)
>> int11 = int(f1,x)
s11 =
(x^2 * (log(x) - 1/2))/2
>> s12 = log(x) * log(1 - x)
s12 =
log(1 - x) * log(x)
>> int12 = int(s11,x,0,1)
int12 =
2 - pi^2/6
```

MATLAB 可以用于求解微分方程，基本指令与格式为：

```
S = dsolve('eq1,... ,eqn','cond1,... ,condn','v')
```

参数第一部分代表待求解的微分方程，第二部分代表初值条件，第三部分代表独立变量，缺省时默认小写字母 t 为独立变量，写入微分方程时，Dy 代表$\frac{dy}{dt}$，Dny 代表$\frac{d^n y}{dt^n}$

例 17.7 求解微分方程

```
>> S = dsolve('Dx = y,Dy = -x')
S =
y: [1 × 1 sym]
x: [1 × 1 sym]
>> disp([S.x,S.y])
[C2 * cos(t) + C1 * sin(t), C1 * cos(t) - C2 * sin(t)]
```

另一个例子：

```
>> y = dsolve('(Dy)^2 - x * Dy + y = 0','x')
y =
x^2/4
-C1^2 + x * C1
```

例 17.8 矩阵符号运算

MATLAB 还有对矩阵进行符号运算的功能，可以对矩阵求行列式、逆和特征根等，例如：

```
>> syms a11 a12 a21 a22
>> s13 = [a11,a12;a21,a22]
s13 =
[a11,a12]
[a21,a22]
>> det(s13)
ans =
a11 * a22 - a12 * a21
>> inv(s13)
ans =
[a22/(a11 * a22 - a12 * a21),-a12/(a11 * a22 - a12 * a21)]
[-a21/(a11 * a22 - a12 * a21),a11/(a11 * a22 - a12 * a21)]
```

利用符号矩阵，MATLAB 也可以轻松解出线性方程组 Ax = b，在构造了符号矩阵 A 与 b 以后，可以利用 X = A\b，结果相当于 inv(A) * b. 也可以用 solve 进行一般代数方程求解. 下面是一个一般非线性代数方程求解的例子.

例 17.9　非线性代数方程求解

求 uy^2 + vz + w = 0，y + z + w = 0 关于 y，z 的解：

```
>> S = solve('u * y^2 + v * z + w = 0','y + z + w = 0','y','z')
S =
y:[2 ×1 sym]
z:[2 ×1 sym]
>> S. y
ans =
(v +2 * u * w - (v^2 +4 * u * w * v -4 * u * w)^(1/2))/(2 * u) - w
(v +2 * u * w + (v^2 +4 * u * w * v -4 * u * w)^(1/2))/(2 * u) - w
>> S. z
ans =
-(v +2 * u * w - (v^2 +4 * u * w * v -4 * u * w)^(1/2))/(2 * u)
-(v +2 * u * w + (v^2 +4 * u * w * v -4 * u * w)^(1/2))/(2 * u)
```

第 18 章　数据处理基本方法

【学习目标与要求】

1. 了解简单数据处理的一般方法；
2. 掌握插值法原理；
3. 掌握拟合和逼近方法.

部分数学模型需要有代入实际数据运算或检验的步骤. 这是用数学语言解决现实问题的关键环节之一. 本章首先以一个简单的启发性模型为例，介绍数据处理的常见假设，再简要介绍插值和拟合问题的解析求解方法，这些方法的详细说明可以在数值分析教材中找到.

注意选取不同方法进行数据处理可能导致结果有一定的主观弹性，初学者应着重体会其中的假设技巧. 另外，本章与统计方法虽然有一定相似，但不同的是，这里仍将所有变量视为确定性的，而非随机变量.

18.1　初等数据分析模型

可能很多人在小时候听过一种说法，认为动物界的跳高冠军，不是袋鼠、兔子、青蛙等印象里能跳很高的动物，而是体型远小于它们的跳蚤，理由是跳蚤可以跳起其自身身长数百倍的高度. 你觉得这种说法有道理吗? 绝对科学吗?

作为示意性模型, 我们简单汇总了一些常见生物的身高及跳高高度, 如表 18 - 1 所示. 如果根据这些数据评选其中的跳高冠军, 会有什么样的结论?

表 18 - 1　　生物自身高度与跳高高度　　单位: 米

生物种类	狮子	老虎	猫	狗	鼠	袋鼠	跳蚤
自身高度	1.2	1.2	0.3	0.6	0.1	2.6	0.005
跳高高度	1.2	1.7	1.1	1.1	0.55	3.4	0.75

一个自然的想法是, 可以建立生物的自身高度与跳高高度的函数关系模型, 即给出不同身高高度对应的跳高高度的 (平均) 理论值, 再用每种物种的实际值和平均值的差距来评价生物的跳高能力.

记生物自身高度为 x, 跳高高度理论值为 y, 最简单的模型是线性模型 $y = ax + b$. 可以使用最小二乘法计算得到系数分别为 $a = 1.00, b = 0.54$, 参见图 18 - 1.

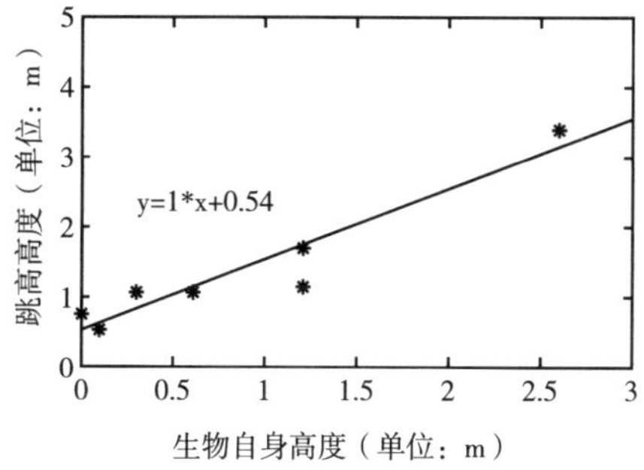

图 18 - 1　生物跳高高度与自身高度线性模型

观察到数据点的分布特征, 也可以考虑用对数函数 $y = a\log(x + b)$ 进行模拟, 用非线性最小二乘估计可得到拟合结果为 $y = 2.1102\log(x + 1.2386)$, 参见图 18 - 2.

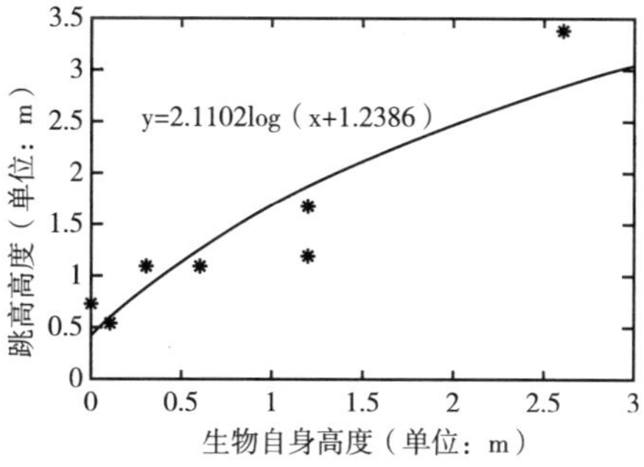

图 18 - 2　生物跳高高度与自身高度对数模型

记 $\hat{y}=ax+b$ 为各高度生物的跳高高度的理论值，$y-\hat{y}$ 和 $\frac{y-\hat{y}}{\hat{y}}$ 分别为某生物跳高高度的实际值与理论值的绝对差距和相对差距，则可将动物跳高能力排名，结果汇总如表 18－2.

表 18－2　　生物跳高高度理论值与实际值及排名

生物种类	狮子	老虎	猫	狗	鼠	袋鼠	跳蚤
线性模型理论值	1.7400	1.7400	0.8400	1.1400	0.6400	3.1400	0.5450
对数模型理论值	1.8812	1.8812	0.9093	1.2852	0.6155	2.8385	0.4601
实际值	1.2	1.7	1.1	1.1	0.55	3.4	0.75
线性模型绝对误差排名	7	4	1	6	4	1	3
线性模型相对误差排名	7	4	2	5	6	3	1
对数模型绝对误差排名	7	4	6	4	3	1	2
对数模型相对误差排名	7	4	2	6	5	3	1

由表 18－2 可见，不同做法对结果会有一定程度的差别. 可以思考，如果考虑更多的生物学原理，用更复杂的基础函数刻画跳高机理，结果是否会“更贴近实际”，是否能“唯一有效”？另外，上面我们建立了线性和对数函数模型，能否建立幂函数或者三角函数模型？最后，反过来的“灵魂拷问”，这个问题里一定要考虑自身身高吗，直接用跳起高度简单比较就真的绝对不行吗？

事实上，数据处理具有一定的灵活性，我们需要正视这种主观弹性的存在，同时认真体会这种弹性的界限. 既不要盲目认为模型是纯客观的，也不要过分夸大模型的主观色彩. 至少在上例中可以看到，不同方法评出的冠军虽然不同，但并不是每一种动物都有机会成为冠军.

在建立机理分析模型时，如果某一环节缺乏明确依据，但依靠已知数据的某种处理方法可以寻求到数据间较为贴切的函数关系，也可以直接将数据分析结果视作论据进行支撑. 为此，通常将原模型假定为某种“基础函数”的格式，再通过已知数据估测出其中待定参数的具体数值，即为**参数化**的思想. 参数化在选择基础函数时通常遵循以下原则：

1. 从简原则. 即在所有函数形式里挑选最简单的函数进行假设. 例如线性函数、分段常值函数、低次多项式函数、具有简单交叉项的乘积函数及其他分析学意义上的常见初等函数等. 同时要注意函数基本性态要满足实际问题，例如单调性、凹凸性、周期性等.

2. 从典原则. 根据该问题相关学科的经典理论进行假设.

3. 从众原则. 与前一条类似，有时我们讨论的问题没有规范的理论研究结果，但在一定领域内会有约定俗成的假定可以直接借鉴.

18.2 多项式插值

接下来介绍几类常见的数据处理方法，这些方法在数学建模过程中可能会经常用到.

实际中，我们经常需要通过函数 $y=f(x)$ 在有限个点的取值推断出函数的解析表达式 $y=\hat{f}(x)$. 根据参数化的思想，通常假定 $y=\hat{f}(x)$ 具有某种特殊形式，例如多项式，再利用已知条件将多项式中的各个待定系数求出.

其中，若保证 $f(x)$ 与 $\hat{f}(x)$ 在所有已知数据点的取值均相同，称为插值问题，对应的如果 $\hat{f}(x)$ 是多项式称为多项式插值，是三角函数则称为 Fourier 插值；若只是要求 $f(x)$ 与 $\hat{f}(x)$ 在一定意义上接近，则称为参数拟合问题.

以一元多项式插值为例，即已知某一元多项式函数在有限个点上的函数值（及导数值等）相关信息，求解该多项式函数的问题. 根据条件及结论表达式的不同，插值问题有几种常见的形式：

（一）利用线性方程组求解插值问题

设多项式函数 $y=a_0+a_1x+\cdots+a_mx^m$ 经过已知点 $(x_0,y_0),\cdots,(x_n,y_n)$，其中 x_i 互不相等. 易见该函数满足

$$\begin{cases} y_0=a_0+a_1x_0+\cdots+a_mx_0^m \\ \qquad\vdots \\ y_n=a_0+a_1x_n+\cdots+a_mx_n^m, \end{cases}$$

这是关于 $a_0,\cdots,a_m$ 的线性方程组，由于在 $m=n$ 时其系数矩阵为 Vandermonde 矩阵，故此时方程组有唯一解

$$\begin{pmatrix} a_0 \\ \vdots \\ a_n \end{pmatrix}=\begin{pmatrix} 1 & x_0 & \cdots & x_0^n \\ & & \vdots & \\ 1 & x_n & \cdots & x_n^n \end{pmatrix}^{-1}\begin{pmatrix} y_0 \\ \vdots \\ y_n \end{pmatrix}.$$

而在 $m<n$ 时，一般而言插值问题是无解的，只有在已知数据位置比较特殊时（例如共线），可能会有解，此时相当于 $m=n$ 时对应插值问题解的高次项系数为 0. 而在 $m>n$

时，插值问题会有无穷多解．综上，一般只考虑 $m=n$ 的情况．

（二）Lagrange 插值

已知条件与（一）一致．即设多项式函数 $y=a_0+a_1x+\cdots+a_nx^n$ 经过已知点 $(x_0,y_0),\cdots,(x_n,y_n)$，其中 x_i 互不相等．但将解表示为基函数的线性组合的形式，即

$$y=y_0L_0(x)+y_1L_1(x)+\cdots+y_nL_n(x).$$

其中，基函数

$$L_i(x)=\frac{\prod\limits_{j=0,j\neq i}^{n}(x-x_j)}{\prod\limits_{j=0,j\neq i}^{n}(x_i-x_j)},i=0,1,\cdots,n.$$

在该问题有唯一解时，它与（一）中的解是相同的，只是采用了不同的表达形式．

（三）Hermite 插值

已知条件在以上两种插值问题的基础上，再增加一部分导数条件．即设多项式函数 $y=a_0+a_1x+\cdots+a_mx^m$ 经过已知点 $(x_0,y_0),\cdots,(x_n,y_n)$，其中 x_i 互不相等．同时该函数的导数即 $y=a_1+2a_2x+\cdots+ma_mx^{m-1}$ 经过已知点 $(x_0,z_0),\cdots,(x_k,z_k)$，其中 $0\leqslant k\leqslant n$．注意这里不同的 x_i 互不相等，但不一定要求有函数值的点均给出导数值．易见，一般情况下为求唯一解，要求 $m=n+k+1$．

此时我们仍可以将插值函数写成基函数线性组合的形式，但表达形式较为复杂．而对于某些特殊的情况，该格式可以简化，例如，若要求 $n=k=1$，则 $m=3$，此时称为两点三次 Hermite 插值，是较为常用的一种情况．此时

$$H_3(x)=\left(1+2\frac{x-x_0}{x_1-x_0}\right)\left(\frac{x-x_1}{x_0-x_1}\right)^2y_0+\left(1+2\frac{x-x_1}{x_0-x_1}\right)\left(\frac{x-x_0}{x_1-x_0}\right)^2y_1$$
$$+(x-x_0)\left(\frac{x-x_1}{x_0-x_1}\right)^2z_0+(x-x_1)\left(\frac{x-x_0}{x_1-x_0}\right)^2z_1.$$

（四）其他常见插值

除了以上插值形式以外，根据实际问题的需要，还有很多具体的插值形式．

例如，早期工程师制图时，把富有弹性的细长木条（即所谓样条）用压铁固定在样点上，在其他地方让它自然弯曲，然后沿木条画下曲线，称为样条曲线．样条曲线可以看成

是分段三次曲线拼接而成，对应的插值问题称为样条插值. 样条插值曾一度作为最常用的插值法存在.

此外，插值问题的一个著名相关结论是有龙格（Runge）现象，参见图 18－3.

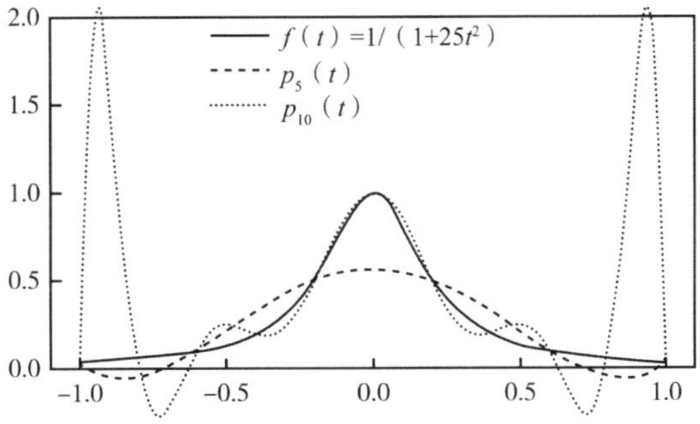

图 18－3　龙格现象

该现象说明在自变量是等距节点的插值时，并非次数越高越好，所以一般回避高次多项式插值，转向分段低次插值，如分段线性插值，分段 Hermite 插值等. 另外如果条件允许，也可以选取非等距插值. 切比雪夫插值是常见的非等距插值法，选择最合适的自变量，可以避免插值结果产生龙格现象.

18.3　多项式拟合与最佳平方逼近

多项式拟合问题可以描述为，寻求多项式函数 $f(x)=a_0+a_1x+\cdots+a_mx^m$，使之充分靠近已知点 $(x_0,y_0),\cdots,(x_n,y_n)$.

从实际含义出发，一般要求 $m<n$，否则拟合问题的解不唯一，且与插值等效. 事实上 m 通常只取 1，2 等较小的正整数.

为求解该问题，首先需要定义多项式函数与已知点的距离. 多项式拟合问题中最常用的是最小二乘拟合，它采用 $Q=\sum_{i=0}^{n}(f(x_i)-y_i)^2$ 定义距离. 注意此时 Q 为关于待定多项式系数 $a_0,a_1,\cdots,a_m$ 的多元函数，令 $\nabla Q=0$，即可求得多项式系数为 $\vec{a}=(X^TX)^{-1}X^TY$. 其中，

$$X=\begin{pmatrix} x_0^0 & \cdots & x_0^m \\ \vdots & & \vdots \\ x_n^0 & \cdots & x_n^m \end{pmatrix},\qquad Y=\begin{pmatrix} y_0 \\ \vdots \\ y_n \end{pmatrix}.$$

在最小二乘法中，利用残差平方和代表距离，通过令残差平方和最小化求得“最优”的多项式系数．我们也可以利用其他方式来表示距离，例如令 $\hat{Q}=\sum_{i=0}^{n}|f(x_i)-y_i|$ 最小化的办法通常称为最小一乘法，或者也可以通过令 $\max_i|f(x_i)-y_i|$ 最小化，即最大残差最小求得拟合系数，也称切比雪夫拟合．

最小二乘法虽然没有后两种方法几何意义直接，但求解容易，且对异常数据的兼容性较好，从而应用最为广泛．

与函数拟合有密切关联的另一类问题是函数逼近．函数逼近即在某区间 $[a,b]$ 上的已知函数类（最简单的情况是多项式函数）里寻找函数 $S(x)$，使其与已知函数 $f(x)$ 在某种意义上最为接近，即求

$$\min_{S(x)\in\phi(x)}\|S(x)-f(x)\|,$$

其中，$\phi(x)=\mathrm{span}\{\phi_0(x),\phi_1(x),\cdots,\phi_n(x)\}$ 是具有有限个基函数的已知函数类，如多项式函数．

最常见的函数逼近是最佳平方逼近，此时问题转化为

$$\min_{S(x)\in\phi(x)}\int_a^b|S(x)-f(x)|^2\mathrm{d}x,$$

该问题等价于求以下多元函数的最小值

$$I(a_0,a_1,\cdots,a_n)=\int_a^b\left[\sum_{j=0}^{n}a_j\phi_j(x)-f(x)\right]^2\mathrm{d}x.$$

根据多元函数求极值的必要条件，有

$$\frac{\partial I}{\partial a_k}=2\int_a^b\left[\sum_{j=0}^{n}a_j\phi_j(x)-f(x)\right]\phi_k(x)\mathrm{d}x=0,\quad k=0,1,\cdots,n.$$

引入内积符号 $(F(x),G(x))=\int_a^b F(x)G(x)\mathrm{d}x$，则最佳平方逼近问题可以转化为求解

$$\sum_{j=0}^{n}(\phi_j(x),\phi_k(x))a_j=(f(x),\phi_k(x)).$$

这是关于 $a_0,a_1,\cdots,a_n$ 的线性方程组，通常称为法方程，该方程组有唯一解．特别地，若取 $a=0,b=1,\phi_0(x)=1,\phi_1(x)=x,\phi_2(x)=x^2,\cdots,\phi_n(x)=x^n$，即在 $[0,1]$ 上用多项式函数逼近原函数，则

$$(\phi_j(x),\phi_k(x))=\frac{1}{k+j+1},\qquad (f(x),\phi_k(x))=\int_0^1 f(x)x^k\mathrm{d}x.$$

例 18.1 求 $f(x)=\mathrm{e}^x$ 在 $[0,1]$ 上的一次最佳平方逼近多项式．

分别求得

$$(f(x),P_0(x))=\int_0^1\mathrm{e}^x\mathrm{d}x=\mathrm{e}-1,$$

$$(f(x), P_1(x)) = \int_0^1 x\mathrm{e}^x \mathrm{d}x = 1,$$

解方程组

$$\begin{bmatrix} 1 & \frac{1}{2} \\ \frac{1}{2} & \frac{1}{3} \end{bmatrix} \begin{bmatrix} a_0 \\ a_1 \end{bmatrix} = \begin{bmatrix} \mathrm{e}-1 \\ 1 \end{bmatrix},$$

得 $a_0 = 4\mathrm{e} - 10 \approx 0.8731$, $a_1 = 18 - 6\mathrm{e} \approx 1.6903$. 所以所求的多项式为 $f(x) = 1.6903x + 0.8731$.

请从数学理论和实际应用角度比较一下，最佳平方逼近、泰勒公式、函数拟合和插值问题有什么不同?

【练习 18.1】

游泳比赛常包括自由泳、仰泳、蝶泳、蛙泳、混合泳等不同项目，以及 100 米、200 米等不同距离. 结合本节教学内容，上网搜索各种项目游泳比赛的世界纪录，并选择合适的标准，评选出一位你认为的游泳世界“总冠军”. 特别地，对于已有的客观比赛数据，你能否采取不同的数据处理方法，评选出不同的“总冠军”?

第 19 章　数据获取及读写方法

【学习目标与要求】

1. 尝试选取量化指标表征某些社会问题；
2. 掌握 MATLAB 数据读写和简单数据处理方法；
3. 了解 Wolfram Alpha 的基本操作.

本章考虑一些社会问题量化分析的数据准备工作，包括：如何选择合适的定量数据表征某些社会问题、如何将数据导入数学软件以及如何利用软件对数据进行简单处理.

19.1　社会问题的量化指标选取

社会科学的定量研究中，一个基本问题是如何选择合理的量化指标，但这个问题需要具体问题具体分析. 所以只举一个启发性的例子供大家讨论.

例 19.1　电影票房的影响因素分析.

如果我们想讨论电影票房的影响因素，并据此预报一部电影的票房，一个常见的方法就是找出一些相关的数据，通过统计回归模型得到定量关系.

根据对该问题的一般认知，我们可以认为，导演号召力、演员号召力、影片类型、上映时间、影片投资、宣传力度等等都是影响票房的重要因素．接下来的问题是，这些影响因素都可以定量研究吗？

容易看出，影片投资和宣传力度都很容易用资金来衡量．而影片类型和上映时间可以概括为有限种情形，例如 1 代表文艺片，2 代表科幻片，3 代表动画片，等等，从而完成对问题的量化考量．而与这些因素相比，导演号召力和演员号召力才是对电影票房更主要的影响因素，而这两个号召力却较难量化．

当然，一般来说，我们不可能仅仅因为"主要矛盾"难以量化研究，就把主要矛盾扔在一边而去关注次要矛盾．因此有些时候，如何将一个看似不好量化的问题强行量化是社会科学数学建模的常见问题．就本例而言，导演和演员的历史累计票房贡献率、历史获奖情况、所拍摄影片与以前拍过的影片的关联程度等等，都可以尝试作为量化参考指标．你能够提出其他量化指标吗？

在选定量化指标后，还需要认真分析如何获取相关的量化数据问题．可以综合主观打分法、社会调查法等方式亲自测算得出，也可以利用网络等资源搜索相关数据，其中经济金融数据有其常用的数据平台，我们将在本书统计实验的章节再专门介绍．现在可以先继续思考以下两个开放性的问题：

【练习 19.1】探讨区域文化与群体游戏的关联关系

娱乐活动是一个地区文化生活的重要组成部分，不同地区的娱乐活动很大程度上体现了该地区的文化特点．以麻将为例，我国不同地区的麻将规则有着极大的差异，如果让你分析一下各地区麻将规则与该地区文化倾向的关联关系，你建议选择哪些量化指标作为研究对象？

【练习 19.2】用量化指标概括人物的能力值

有时我们需要对不同人物的能力值进行量化分析，例如在一些历史模拟游戏中，经常用"统率、武力、智力、魅力"值等指标来概括一个人物的能力值．你认为用哪些指标来概括人物的能力值比较妥帖，指标选取是越多越好吗？对于你设计的指标，如何具体得到某一特定人物的量化得分，除了主观打分法，还有没有什么相对客观的办法？层次分析法（AHP）适用于这一问题吗？为什么？

19.2 MATLAB 数据读写和基本数据处理

在找到相关数据后，需要将数据与数学软件进行桥接. 以 MATLAB 为例，该软件提供的从文件中读写数据的命令大致包括：

1. 打开文件. 在读写文件之前，必须先用 fopen 函数打开或创建文件，并指定对该文件进行的操作方式. fopen 函数的调用格式为

fid = fopen(文件名,'打开方式')

说明：其中 fid 用于存储文件句柄值，如果返回的句柄值大于 0，则说明文件打开成功. 文件名用字符串形式，表示待打开的数据文件. 常见的打开方式如下.

'r'：只读方式打开文件（默认的方式），该文件必须已存在.

'r+'：读写方式打开文件，打开后先读后写. 该文件必须已存在.

'w'：打开后写入数据. 该文件已存在则更新；不存在则创建.

'w+'：读写方式打开文件. 先读后写. 该文件已存在则更新；不存在则创建.

'a'：在打开的文件末端添加数据. 文件不存在则创建.

'a+'：打开文件后，先读入数据再添加数据. 文件不存在则创建.

另外，在这些字符串后添加一个“t”，如'rt'或'wt+'，则将该文件以文本方式打开；如果添加的是“b”，则以二进制格式打开，这也是 fopen 函数默认的打开方式.

2. 关闭文件. 文件在进行完读、写等操作后，应及时关闭，以免数据丢失. 关闭文件用 fclose 函数，调用格式为

sta = fclose(fid)

3. 写二进制文件. fwrite 函数按照指定的数据精度将矩阵中的元素写入到文件中. 其调用格式为

COUNT = fwrite(fid,A,precision)

说明：其中 COUNT 返回所写的数据元素个数（可缺省），fid 为文件句柄，A 用来存放写入文件的数据，precision 代表数据精度，常用的数据精度有：char、uchar、int、long、float、double 等. 缺省数据精度为 uchar，即无符号字符格式.

4. 读二进制文件. fread 函数可以读取二进制文件的数据，并将数据存入矩阵. 其调用格式为

[A,COUNT] = fread(fid,size,precision)

说明：其中 A 是用于存放读取数据的矩阵；COUNT 是返回所读取的数据元素个数；fid 为文件句柄；size 为可选项，若不选用则读取整个文件内容，若选用则它的值可以是下列值：N（读取 N 个元素到一个列向量）、inf（读取整个文件）、[M，N]（读数据到 M×N 的矩阵中，数据按列存放）；precision 用于控制所写数据的精度，其形式与 fwrite 函数相同.

5. 读文本文件. fscanf 函数可以读取文本文件的内容，并按指定格式存入矩阵. 其调用格式为

[A,COUNT] = fscanf(fid,format,size)

说明：其中，format 指的是“定义要读取的数据的格式”，例如“%f”（浮点数）. A,COUNT,fid,size 的含义同上所述.

6. 写文本文件. fprintf 函数可以将数据按指定格式写入到文本文件中. 其调用格式为

fprintf(fid,format,A)

说明：fid 为文件句柄，指定要写入数据的文件，format 是用来控制所写数据格式的格式符，与 fscanf 函数相同，A 是用来存放数据的矩阵.

【练习 19.3】插值等简单数据处理方法的 MATLAB 实现

MATLAB 的插值函数主要是 interp1，可以根据其后的参数设置实现不同类型的插值. 请搜索相关命令的用法，先将给定的数据导入 MATLAB 后，比较不同类型插值的结果. 必要时可以结合绘图和编程命令（参见第 22 章）进行可视化比较.

注意数学软件的更新有时会对同一个数学问题提供不同的命令，比如较新版本的 MATLAB 将样条插值 spline 单独列为一个命令，同时也可视为 interp1 中的某种类型，一般只需要熟悉其中一种方式即可.

【练习 19.4】人口增长模型

利用网络搜索某一国家或地区一段时期的人口数据，将其导入 MATLAB，并综合运用相关建模方法和数据处理方法，建立合理的人口增长的微分方程模型.

19.3　Wolfram Alpha 简介

与开发 MATLAB 的 MathWorks 公司齐名的另一大数学软件公司 Wolfram，在 2009 年推

出了其网页版的计算工具 Wolfram Alpha，其主界面如图 19 - 1 所示，它基于该公司早前的旗舰产品 mathematica 开发，是一款较为方便的计算引擎工具，可以通过浏览器直接免费登录，其网址为 http://www. wolframalpha. com，同时也具有部分付费加强功能及手机 APP 端工具.

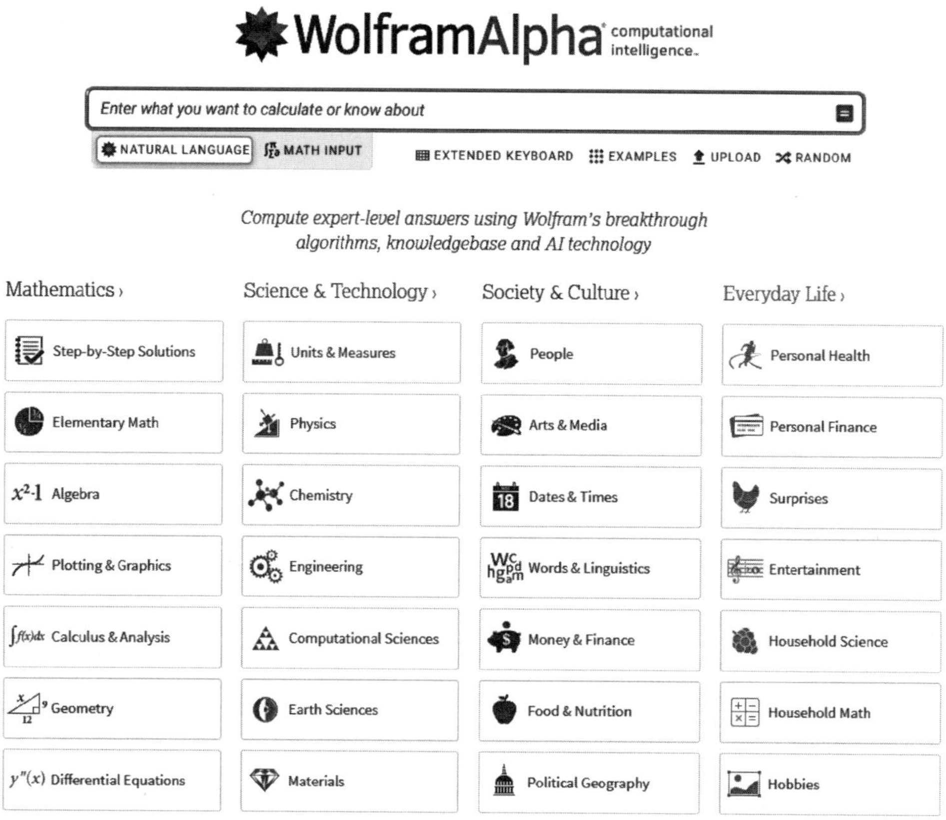

图 19 - 1　Wolfram Alpha 主界面

该计算引擎面向众多应用领域提供了强大的计算功能，同时也是一种较为快捷的进行简单运算的计算工具，例如本科数学课程中常见的微积分和线性代数运算都可以方便快捷地实现. 这里也简单了解一下.

可以在主界面使用简单的程序化指令输入简单的运算，也可以点击“MATH INPUT”，直接通过公式编辑器输入.

其程序化指令与 MATLAB 及 LaTeX 语言格式较为相似，例如输入

\int_0^1 sin(x),

再点击输入框右侧的等号，即可给出 $\int_0^1 \sin(x)\,dx = 1 - \cos(x) \approx 0.45970$ 的结果，并给出对应的几何含义及积分过程等详细解释.

矩阵的运算也是类似的，但 Wolfram Alpha 喜欢用大括号嵌套大括号的形式书写矩阵，例如 det{{1,2,3},{4,5,6},{7,8,9}}表示的是矩阵$\begin{pmatrix}1&2&3\\4&5&6\\7&8&9\end{pmatrix}$的行列式，输入并点击输入框内的等号或直接回车，均可得到其结果 0.

更多 Wolfram Alpha 的功能留给感兴趣的同学自行探索. 接下来的实验章节，本教材仍以 MATLAB 为主要软件.

第 20 章　MATLAB 简单编程

【学习目标与要求】

1. 掌握 MATLAB 常见语句；
2. 掌握 MATLAB 程序调试的一般方法.

最常用的 MATLAB 程序主要包括脚本文件和函数文件，均可在主菜单创建，其中脚本文件的后缀名是 .m，又称 M 语言，与一般的编程语言差异不大，我们先来学习脚本文件的写法，在后面的章节再通过实验学习函数文件的写法.

20.1　MATLAB 常见语句

1. 输出语句，主要实现方式有三种：

（1）语句后面不加分号“;”，这是直接输出数值的比较简单的方法.

（2）disp(a)直接在命令窗口显示 a 变量，这种方法输出和第一种相近.

（3）用 fprintf 命令控制格式输出，是较为常用的一个方法，同时也可以输出结果到文件.

2. 输入语句，用于键盘向程序输入变量，例如：

```
>> x = input('please input a number:')
```

运行结果为：

please input a number:

在手动输入 2 之后，程序会继续提示运行结果：

x = 2

类似地，有

```
>> x = input('please input a string:','s')
please input a string:hello world
x = hello world
```

3. 判断语句，其基本格式为

if（关系运算表达式 *a*）

MATLAB 语句 *A*

elseif（关系运算表达式 *b1*）

MATLAB 语句 *B1*

elseif（关系运算表达式 *b2*）

MATLAB 语句 *B2*

. . .

else

MATLAB 语句 *C*

end

注意几点：

（1）if 后面一定要跟 end；

（2）写关系运算表达式时，相等用 ==，不等用 ~=. 而等号 = 仅作赋值号使用；

（3）表达式后面若不加分号“；”，会在运行的同时在屏幕上输出这一步表达式的数值结果；

（4）运算用到的变量需要首先预设，建议在文件最开始集中进行；

（5）if - elseif 语句可以嵌套使用，在使用时注意 end 的匹配. 一般在输入程序时，每行回车后 MATLAB 会自动调整每行缩进，便于检查 if - end 的匹配.

4. 分支语句，其基本格式为

switch（表达式）

case 常量表达式 a_1

MATLAB 语句 A_2

case 常量表达式 a_2

MATLAB 语句 A_2

...

case 常量表达式 a_m

MATLAB 语句 A_m

otherwise

MATLAB 语句 *C*

end

5. 循环语句. 与很多编程软件类似，MATLAB 提供了 for 和 while 两种常见的循环语句，其格式分别为：

for index = start:increment:end

MATLAB 语句

end

例如：for i = 1：2：5. 以及

while（表达式）

MATLAB 语句

end

此外还提供了强制中止循环语句 break 以及 continue，其中，"break;"表示在循环体中提前退出循环，而"continue;"表示在循环体中中断本次的循环体运行，将程序的流程跳转到判断循环条件的语句处继续下一次的循环. 但一般而言尽量避免使用这两个语句.

6. MATLAB 常见函数，最常用的一些函数罗列如下：

（1） exp, log, log10, log2, sqrt, abs, sin, cos, tan, cot, sec, csc, asin, acos, atan, acot, asec, acsc, sign;

（2） atan2 求辐角（取值范围是(−π, π]），gcd 最大公约，lcm 最小公倍，factorial 阶乘；

（3） ceil, floor, round 三种取整函数，依次为只入不舍、只舍不入和四舍五入；

（4） max, min, sum, mean, var, cov, corrcoef, median;

（5） rand 产生[0,1]上均匀分布随机数（阵），unidrnd, unifrnd, binornd, normrnd, exprnd 分别对应产生离散均匀分布、连续均匀分布、二项分布、正态分布、指数分布的随机数阵，MATLAB 还提供了其他常见分布的随机数生成器，这里省略.

除此之外，作为专业数学软件，MATLAB 内置了一些函数实现常用的数学功能，例如对数据排序的函数是 sort. 建议在涉及相关问题时优先使用搜索工具查询，如果没有内置命令再手动编程实现.

20.2 MATLAB 矩阵编程练习

根据上面的介绍，做几个简单练习.

【练习 20.1】

在屏幕上输出乘法口诀表，注意列对齐以保持排版美观.

【练习 20.2】

编制简单的万年历查询功能，即对于指定的日期，显示当月的月历.

可以搜索一下中国农历历法，尝试在固定的年份内实现阴阳历同时查询.

【练习 20.3】幂法

幂法是数值求解矩阵特征值和特征向量的最常用方法之一，它用较为巧妙而简单的思路求解矩阵的最大特征值及其特征向量，在数值方法中具有典型意义，同时也与层次分析法的需求高度吻合．这里简单介绍幂法的原理，并尝试编程实现.

假定矩阵 $A_{n\times n}$ 有 n 个线性无关的特征向量，其 n 个特征值按模大小排列

$$|r_1|\geqslant|r_2|\geqslant\cdots\geqslant|r_n|,$$

且对应的特征向量分别记 $v_1,v_2,\cdots,v_n$.

先任取一非零初始向量 x_0，迭代计算 $x_k=Ax_{k-1}$，则当 k 充分大时，会发现 x_k 与 x_{k-1} 接近于只差常数倍，即 $x_n\approx\lambda x_{k-1}$，此时 λ 即为要求的特征值而 x_k 即为其对应的特征向量.

这是因为，对于任何给出的 n 维向量 x_0，有

$$x_0=a_1v_1+\cdots+a_nv_n,$$

由迭代关系知，

$$x_k=a_1A^kv_1+\cdots+a_nA^kv_n=a_1r_1^kv_1+\cdots+a_nr_n^kv_n,$$

若最大特征根 r_1 是单根，则

$$x_k = r_1^k\left(a_1 v_1 + a_2\left(\frac{r_2}{r_1}\right)^k v_2 + \cdots + a_n\left(\frac{r_n}{r_1}\right)^k v_n\right),$$

当 k 充分大时，上式即可化为 $x_k \approx r_1^k a_1 v_1$.

根据以上思路，编写程序实现幂法求特征值及特征向量. 注意本练习不要使用 MATLAB 内置函数里关于求特征值和特征向量的命令.

20.3 程序调试及优化

通过主菜单中的 debug 命令运行 MATLAB 脚本文件，快捷方式为 F5. 为防止工作区中的变量错误参与程序运算，可以在程序最开始加入 clear all 命令，或在运行前在主界面工作区单击右键清空工作区.

程序错误主要包括语法错误和逻辑错误两类，其中语法错误包括了词法或者文法的错误. 一般来讲语法错误可以通过分析系统给出的错误提示直接看出，常见错误包括函数名称的拼写错误、漏写 end、条件或循环语句嵌套错误、文件名或变量名与系统内置函数名冲突、变量没有预先声明、变量前后拼写不一致、矩阵规模不匹配、将等号用作判断等.

而逻辑错误则更为隐蔽，它可以运行出结果，但并非用户所需要，需要认真分析. 最常用的两种方式是增设指示变量和增加程序断点.

增设指示变量是指在运行过程中强制显示一些变量的中间结果，或者人为增设一些不需要的变量用于测试运行结果，如测试某段循环语句运行的总次数等.

而增加程序断点是指将程序人为拆分成若干部分，分段运行，观察每一段的运行结果，视情况修正或继续运行下一部分. 较新版本的 MATLAB 已将增删断点的功能集成到主界面上，便于用户使用.

如图 20 - 1 所示，在程序界面点击某一行（比如第 4 行）前面的 - 号， - 号会变为实心圆，即增设了该行语句为断点，程序每次运行到这一行会暂时弹出，此时可以点击鼠标查看“工作区”中每个变量的当前取值，以决定是继续运行，还是中断此次运行、修改程序后重新运行.

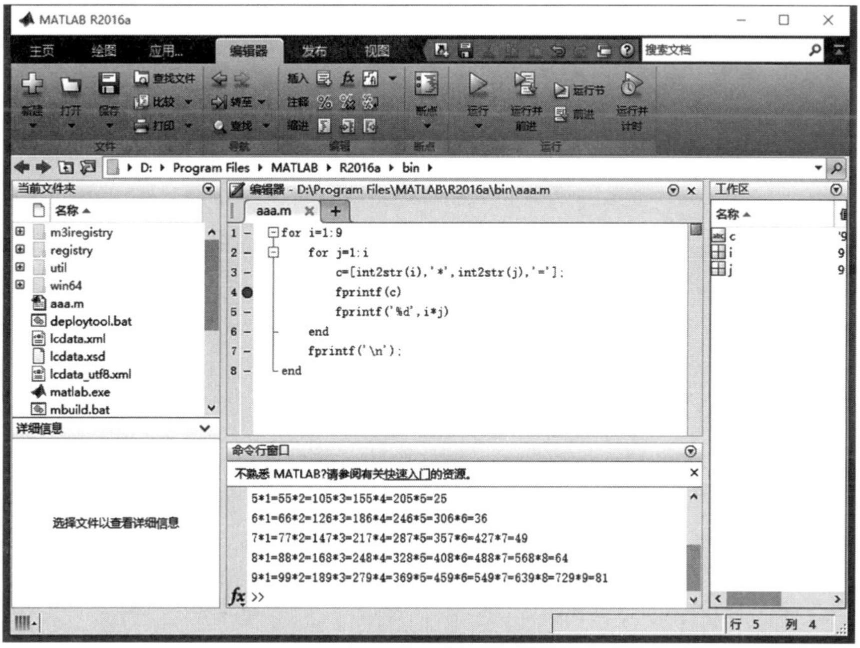

图 20－1　MATLAB 断点功能示例

在了解基础编程的基础上，可以考虑适当优化程序以提升运算效能，同时合理利用 MATLAB 矩阵运算特点也可以较大幅度地提高 M 语言代码的执行效率. 一般而言，以建模为目标的初学者并不需要过多关注这点，但可以通过简单例子训练一些基本感觉.

例 20.1　向量化运算

```
Mass = rand(5,10000);
Length = rand(5,10000);
Width = rand(5,10000);
Height = rand(5,10000);

[rows, cols] = size(Mass);

disp([char(10), '使用数组运算:'])
tic
Density = Mass./(Length.*Width.*Height);
toc

disp([char(10), '使用循环结构:'])
```

```
14 tic;
15 for I = 1:rows
16 for J = 1:cols
17 Density(I) = Mass(I,J)/(Length(I,J) * Width(I,J) * Height(I,J));
18 end
19 end
20 toc
```

该例中比较了循环结构和数组运算的执行效率，程序中分别在第 10 行使用数组运算和在第 15—19 行使用循环结构完成了同样的工作. 程序的运行结果如下，

使用数组运算：

```
elapsed_time =
0
```

使用循环结构：

```
elapsed_time =
0.0100
```

通过程序运行的结果可以看出数组运算和循环迭代结构在计算效率方面的差距，特别是在循环迭代层次较多的时候，数组运算的速度优势就更加明显. 所以，在大多数情况下，需要尽量将循环迭代工作改写成数组或者矩阵的运算，以提高程序的执行效率.

第 21 章　HILL 2 密码编译

【学习目标与要求】

1. 了解 HILL 2 密码编码和译码原理；
2. 会编写 MATLAB 程序实现 HILL 2 密码编码和解码.

本实验以 HILL2 密码为例，学习体会密码编码、解码和破译的一般流程，同时进一步熟悉 MATLAB 基本编程.

21.1　HILL 2 密码编码原理

将想要发送的信息用 26 个英文字母书写，例如“I LOVE YOU”，称其为“明文”.

将明文数字化，并两两分组. 例如 I 是第 9 个字母，对应数字 9；而空格可以对应 0，也可以直接忽略；如果整段明文有奇数个字母（含空格）构成，则通常重复其末位字母（称其为“哑元”），再进行转换.

易见，明文“I LOVE YOU”可以数字化为(9,0) | (12,15) | (22,5) | (0,25) | (15,21).

引入由自然数构成的二阶方阵作为密钥矩阵，例如 $A=\begin{pmatrix}1 & 2\\0 & 4\end{pmatrix}$.

一般地，该二阶方阵行列式应大于 0，且与 27 互素（若不计空格，则与 26 互素），这是为了保证解码的唯一性.

利用密钥可以将明文转化为“密文”，转化方式为：用密钥左乘明文中每一个二维向量，并对 27 取余（若不计空格，则对 26 取余）. 例如：第二段明文(12,15)对应的密文为

$$\begin{pmatrix}1 & 2\\ 0 & 4\end{pmatrix}\times\begin{pmatrix}12\\ 15\end{pmatrix}=\begin{pmatrix}42\\ 60\end{pmatrix}\xlongequal{\text{mod } 27}\begin{pmatrix}15\\ 6\end{pmatrix}.$$

即第一段数字化的密文为(15,6)，再将其转化为字母，即(O,F). 其他后四段密文的编码方式同理.

21.2 HILL 2 密码解码及破译方法

在收到一段密文后，我们需要将其转化为明文. 一般地，己方可以同时得知密钥矩阵，并进行“解码”过程；而敌方在未知密钥矩阵（甚至未知编码原理）的前提下进行“破译”过程.

若已知密钥矩阵，求解明文的过程相当于在模 27 的意义下，求解方程 $Ax=b$. 仍以第二段密文为例，即求向量(x,y)，使得

$$\begin{pmatrix}1 & 2\\ 0 & 4\end{pmatrix}\times\begin{pmatrix}x\\ y\end{pmatrix}=\begin{pmatrix}15\\ 6\end{pmatrix}\quad \text{mod } 27.$$

该同余方程在密钥矩阵 A 的行列式与 27 互素的条件下有唯一解，可以进行简单编程求解. 或者利用定理 21.1 的结论.

定理 21.1 二阶模 $m(m>0)$同余线性方程组

$$\begin{cases}ax+by\equiv e \quad \text{mod } m\\ cx+dy\equiv f \quad \text{mod } m,\end{cases}$$

在行列式 $\Delta=ad-bc$ 与 m 互素时具有唯一解，其解为

$$\begin{cases}x\equiv\overline{\Delta}(de-bf) \quad \text{mod } m\\ y\equiv\overline{\Delta}(af-ce) \quad \text{mod } m,\end{cases}$$

其中，$\overline{\Delta}$ 是行列式 Δ 对模 m 的同余逆，即 $\overline{\Delta}\Delta=1$ mod m.

若密钥矩阵未知，则破译过程较为复杂，没有一般方法. 在已知编码方式及密钥矩阵的一部分信息的前提下，可以考虑暴力破解的方式.

例如，已知密钥矩阵四个元素均为 0—9 之间的自然数，作为密钥矩阵其行列式大于 0，且与 27 互素. 则可以通过四重循环筛选所有可能的密钥矩阵，并利用每一个密钥矩阵对密文解码，最后再利用人工识别的方式，寻找有实际含义的明文.

【练习 21.1】

利用 MATLAB 编写程序，实现以下功能：

(1) 对于给定密钥矩阵和明文，生成其密文；

(2) 在已知密钥矩阵和密文的前提下，解码得到明文；

(3) 在已知密文未知密钥矩阵的前提下，尝试破译得到明文. 此时可以人为增加一部分条件，例如上文提到的限制密钥矩阵元素性质等.

最后请思考，本节实验主要针对英文单词进行编码和译码，如果发送的是汉语拼音，或者发送的是利用 1—7 的数字代表某段旋律的简谱，在编码和译码过程中会有什么不一样的困难吗？

第 22 章　MATLAB 作图

【学习目标与要求】

1. 掌握 MATLAB 常见绘图命令;
2. 了解 MATLAB 基本动画命令;
3. 了解分岔图的画法.

数据可视化是数学建模的重要学习内容. 借助图形、动画等手段可以更清晰地展示模型结论，实现文字语言的补充和升华. MATLAB 提供了强大的绘图系统，熟练掌握相关命令有助于帮助模型结果的表达.

22.1　MATLAB 基本绘图命令

MATLAB 中用 Figure 命令创建图形窗口和改变当前图形窗口，如果当前不存在图形窗口，绘图函数也会自动建立一个新的图形窗口. 可以利用鼠标左右键结合图形窗口菜单对已得到的图形进行简单编辑.

表 22－1 中罗列了一些 MATLAB 常见基本绘图窗口相关指令，详细使用方式可以参见软件自带说明或借助网络搜索. 表 22－2 中提供了一些常用的绘图命令.

表 22－1　**MATLAB 基本图形窗口命令**

命令	功　能
close	关闭图形窗口
clf	清除当前窗口所有可见的图形对象
title	图形命名
xlabel, ylabel	坐标轴名
legend	图例
axis	设置坐标轴范围
text	图上标记文字
grid on/off	显示/不显示坐标分割线（默认不显示）

表 22－2　**MATLAB 常用绘图命令**

命令	功　能
plot	二维图像中绘制一点
hold on/hold off	保持原图像窗口不变继续画图/不保留当前图像，更换窗口画图
plot3	三维图像中绘制一点
ezplot	根据指定函数形式绘制一元函数图形，其中 ez 是 easy 的简写
fplot	根据方程式绘制二维图像
polar	画极坐标图
semilogx, semilogy	x 轴/y 轴用对数坐标系
ezmesh	根据指定函数形式绘制二元函数图形
meshgrid	将（二维）自变量划分成离散的网格
pol2cart	不直接用于作图，但可将极坐标或柱坐标值转换成直角坐标值
sph2cart	不直接用于作图，将球坐标值转换成直角坐标值

MATLAB 也可以实现基本动画功能. 从计算机图形学上看，动画就是绘制的图形发生变化，利用人的视觉残留形成动的感觉.

控制程序反复作图，并借助 pause（暂停）函数调整每张图片显示的时间长度，可以实现简单的动画效果. 另外，tic 与 toc 函数提供了秒表计时与停止功能，cputime 函数可以计算自当前 MATLAB 程序启动之后到运行结束所占用的 CPU 时间. 综合运用这些函数可以实现基本的动画效果. 此外，MATLAB 也提供了一些更高级的动画制作函数，如 movie，getframe 等，可以自行查阅它们的用法.

【练习 22.1】

结合以上命令和必要的信息检索，绘制一些常见的三维空间里的曲线和曲面图. 再分别画出正五边形和正五角星绕其某一条对称轴旋转一周所得的旋转体，最后尝试利用简单动画命令画出旋转的过程.

【练习 22.2】

利用基本作图命令，画出$f(x,y)=\dfrac{\ln(1+xy)}{x+y}$的函数图象，并据此判断$f(x,y)$在(0,0)是否有极限．并尝试搜索 MATLAB 求二元函数极限的命令，看看你会得到什么结果．

除了以上基础命令外，对于常见经济金融领域的应用问题，MATLAB 也提供了内置绘图相关命令．参见练习 22.3．

【练习 22.3】投资组合可行集绘制

请阅读下面 MATLAB 代码，了解 MATLAB 画投资组合可行集的相关命令．并尝试在该代码基础上修改代码，画出五种资产投资组合的可行集．需要注意，初始参数设置应满足一些必要条件，例如应保证协方差矩阵对称非负定．

```
returns      = [0.1   0.15   0.12];
STDs         = [0.2   0.25   0.18];
correlations = [1     0.3    0.4
                0.3   1      0.3
                0.4   0.3    1];
covariances = corr2cov(STDs,correlations);
portopt(returns,covariances,20)
weights  = rand(1000,3);
total    =   sum(weights,2);
total    =   total(:,ones(3,1));
weights  =   weights./total;
[portRisk,portReturn] = portstats(returns,covariances,weights);
hold on;
plot(portRisk,portReturn,'.r');
```

22.2 分岔图的画法

分岔图可以用于表示系统中参数连续变化时，系统的某个关键变量或者性态在本质上的变化，即所谓的“量变引发质变”．分岔图可以用相对简洁的图形揭示系统很深层次的本质属性，合理的运用可以简化文字表述，达到言简意赅的效果．我们再举几个例子说明分岔图的画法．

例 22.1　鞍结分岔

考察方程

$$\dot{x} = x^2 - a,$$

易见当 $a<0$ 时，方程没有平衡点；当 $a=0$ 时，方程有唯一平衡点；当 $a>0$ 时，方程有两个平衡点 $x=\sqrt{a}$ 和 $x=-\sqrt{a}$，其中 $x=\sqrt{a}$ 是不稳定的，$x=-\sqrt{a}$ 是稳定的．若利用实线表示稳定平衡点，虚线表示不稳定平衡点，我们可以作分岔图如图 22－1 所示：

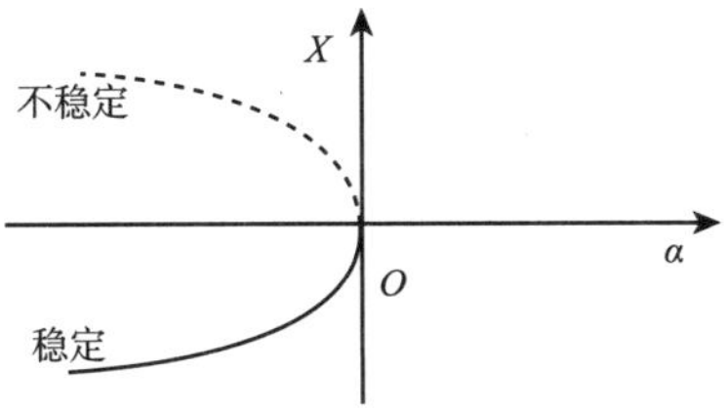

图 22－1　鞍结分岔图

即随着参数 a（从∞到－∞）的连续变化，系统一开始的两个平衡点在分岔点 $x=0$，$a=0$ 处相遇，并相互“抵消”．我们把这种常见的分岔现象称为“鞍结分岔”，它是最常见的分岔现象之一．

例 22.2　差分形式的 logistic 方程及混沌分岔图

微分方程模型经常用于描述变量随时间连续演化的过程，与之密切相关的另一类模型是差分方程模型，主要用于描述离散时间问题的动态演化模型．在股票等金融问题中，由于成交价的更新往往是离散时间发生的，因此较比很多工程领域，差分方程在金融问题中应用更为普遍．

差分方程里最著名的模型是差分形式的 logistic 方程，与微分形式时的模型一样，它用于刻画种群的“阻滞增长”规律．在微分形式的 logistic 方程中，用差分近似代替微分，即可得到

$$y_{k+1} - y_k = r y_k \left(1 - \frac{y_k}{N}\right), k=0,1,2,\cdots \tag{22-1}$$

通过简单的变量代换，就得到了差分形式 logistic 方程的一般形式

$$x_{k+1} = b x_k (1 - x_k), k=0,1,2,\cdots \tag{22-2}$$

与微分方程一样，除了方程的一般解 $x(k)$ 以外，很多时候人们关心的是 $k\to\infty$ 时 x

的变化情况，比如平衡点及其稳定性.

差分形式 logistic 方程的极限动力学行为可以通过图解法进行分析，参考图 22－2. 其中 x^* 是方程的非零平衡点，由方程 $x=bx(1-x)$ 解得，$x^*=1-\frac{1}{b}$.

图 22－2 中参数 b 分别为满足 $1<b<2$，$2<b<3$ 以及 $b>3$ 的某个特定取值. 以 x 为横坐标作 $y=f(x)=bx(1-x)$ 和 $y=x$ 的图形，曲线 $y=f(x)$ 和直线 $y=x$ 交点的横坐标为平衡点 x^*，对于初值 x_0，由方程(22－2)求 $x_1, x_2, \cdots$ 的过程表示为图上带箭头的折线. 当 $1<b<2$ 时 $x^*<\frac{1}{2}, x_k \to x^*$ 的过程基本上是单调的；而当 $2<b<3$ 时 $x^*>\frac{1}{2}, x_k \to x^*$ 的过程会出现类似焦点式的收缩.

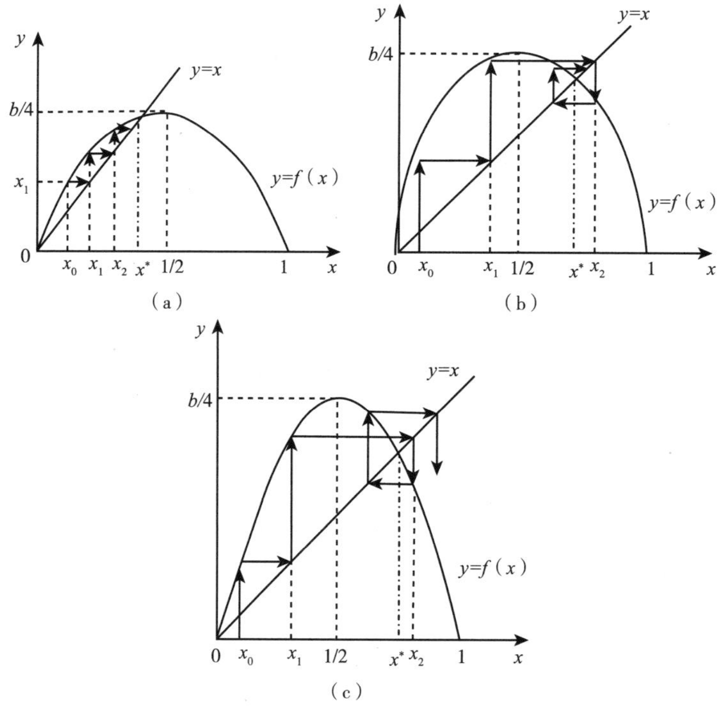

图 22－2　差分形式 logistic 方程迭代过程

当 $b>3$ 时，可能会有更为复杂现象发生，例如可能存在 $x_k \neq x_{k+1}$，但 $x_k=x_{k+2}$ 的情况，一般称为二周期点.

类似地，也可能会有 4 周期点、8 周期点……可以用图 22－3 表达这一现象，该图横坐标为参数 b，而纵坐标表达的是 $k\to\infty$ 以后稳定的 n 周期点，可以看出，随着 b 的增大，系统首先趋于唯一稳定的平衡点，而后是 2 周期点、4 周期点…… 而后更多的周期点连成一片，出现了更为复杂的所谓混沌（chaos）现象，而对应的这张分岔图被称为混沌分岔图.

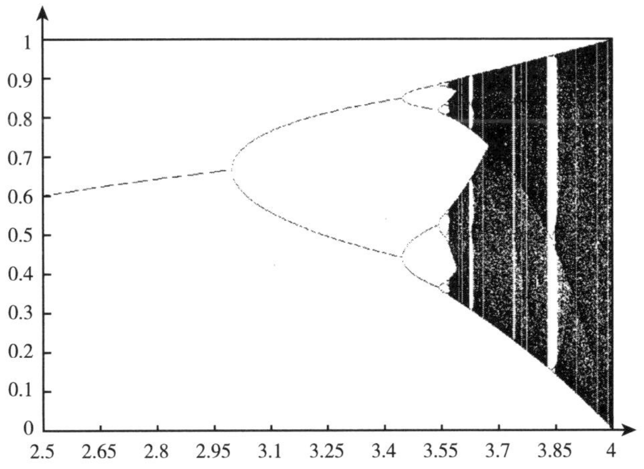

图 22－3 混沌分岔图

混沌的正式定义较为复杂，这里只做如下说明：

1. 混沌与系统对初值的高度敏感性有关，如令 $b=3.7$，对两个非常靠近的初值 $x_0^{(1)}=0.2$ 和 $x_0^{(2)}=0.20001$ 分别计算，会发现 $x_{100}^{(1)}=0.4814$，而 $x_{100}^{(2)}=0.2572$，可谓差之毫厘，失之千里，这就是著名的蝴蝶效应. 混沌最初的发现是由 Lorenz 在进行天气预报时发现的，在气象等领域广泛存在着混沌系统，对于混沌系统，由于其对初值的高度敏感依赖，一般认为"短期可预测，长期不可预测".

2. 人类目前已知有几种不同的途径可能会引发混沌. 如上所述，系统从单一稳定平衡点"分岔"至 2 周期点，再分岔至 4 周期点……的过程称为倍周期分岔，它是一种常见的可能引发混沌的路径. 著名学者 Li-Yorke 在研究中指出，系统如果存在 3 周期点，则会出现混沌现象.

3. 可以用距离充分小的任意两点未来的演化趋势来定义混沌，对于距离充分小的两点，如果它们在时间增大趋于无穷时距离的上确界大于 0，下确界为 0，则称该系统是混沌的.

4. 混沌区域内也并非乱成一片. 图中可以观察到明显的几条"空窗"，实际上这些空窗的位置与一个著名的无理数 Feigenbaum 常数有关，其值约为 4. 6692. 这也是被称为继 e，π，黄金分割比 0. 618 之后的第四大常数.

【练习 22. 4】

分岔图也可以推广，例如，用不同颜色的点代表不同的状态，在二维参数平面上画出彩色图来表示系统随二维参数的分岔情况. 请针对种群竞争、共生模型，选择合理的参数，用不同颜色的点代表不同的最终状态（甲单独生存、乙单独生存、甲乙共存、甲乙均灭绝），在二维参数平面上画出系统的分岔情况.

第 23 章　LINGO 简介

【学习目标与要求】

1. 掌握 LINGO 编程的一般方法；
2. 掌握常见优化问题对应的 LINGO 编程.

目前的数学软件基本都可以求解常见的优化问题，但 LINGO 是一个专门以运筹学为主要对象的数学软件，其编码与手写优化问题极为相似，可以在一定程度上达到“所见即所得”的效果，即使需要编程的部分也较为简单，其内置的优化算法也较为成熟，因而在众多运筹学软件中占有自己的一席之地.

23.1　LINGO 基本用法

首先以一个简单的线性规划问题为例，简要介绍如何建立 LINGO 的基本模型：

例 23.1

$$\max z = 3x_1 - x_2 - x_3$$

$$\text{s.t.} \begin{cases} x_1 - 2x_2 + x_3 \leqslant 11 \\ -4x_1 + x_2 + 2x_3 \geqslant 3 \\ -2x_1 + x_3 = 1 \\ x_1, x_2, x_3 \geqslant 0. \end{cases}$$

启动 LINGO 后，在主窗口新建模型文件，在弹出的新文件窗口中直接输入以下代码即可求解：

```
Max = 3 * x1 - x2 - x3;
x1 - 2 * x2 + x3 < 11;
-4 * x1 + x2 + 2 * x3 > 3;
-2 * x1 + x3 = 1;
```

从这个例子，可以直观地归纳出 LINGO 的基本编程方式：

（1）求目标函数的最大值或最小值分别用“Max =…”或“Min =…”来表示；

（2）每个语句以分号“;”结束；

（3）变量名称必须以字母开头，由字母、数字和下划线所组成，长度不超过 32 个字符，不区分大小写；

（4）如果对变量的取值范围没有作特殊说明，则默认所有决策变量都非负；

（5）在表达不等式约束时，一律使用“<”和“>”即可，不需要使用“≤”及“≥”；

（6）LINGO 模型以语句“MODEL:”开头，以“END”结束，对于上述比较简单的模型，这两个语句可以省略.

鼠标点击“求解”按钮（快捷键为 Ctrl + S），软件会弹出一个标题为“LINGO Solver Status”（求解状态）的窗口，其内容为变量个数、约束条件个数、优化状态、非零变量个数、消耗内存、所花时间等信息，点击 Close 关闭该窗口，屏幕上出现标题为“Solution Report”（解的报告）的信息窗口，显示优化计算的步数、优化后的目标函数值、列出各变量的计算结果，参见本书例 7.1.

在 LINGO 主菜单下的 LINGO 二级菜单中选择 Options，会弹出参数设置对话框，可以调整部分求解器的设置，以及 输出结果的类型等.

如果规划模型中的变量或者约束条件较多，直接按模型逐条输入可能较为复杂，也可以考虑编程求解. 仍以上面的规划问题为例，我们还可以采用以下代码进行求解：

```
Model:
sets:
col/1..3/:c,x;
row/1..2/:b;
links(row,col):a;
endsets
data:
```

```
c =3 -1 -1;
a =1 -2 1 4 -1 -2;
b =11 -3;
enddata
max = @ sum(col:c * x);
@ for(row(i):@ sum(col(j):a(i,j) * x(j)) <b(i));
-2 * x(1) +x(3) =1;
end
```

当然对于这个例子而言，如此编程可能并无必要，但可以猜到，在某些场合，例如目标式中含有形如 $\sum_{i=0}^{10}\sum_{j=0}^{20}c_{ij}x_{ij}$ 的求和表达式时，这样编程比起逐行输入很多遍类似的公式可能就会简洁很多.

接下来我们结合上述代码简单介绍一下 LINGO 模型的基本结构，即“定义集合——初始化数据——建立模型”：

（1）定义集合：即语句“set”至“endsets”之间的部分. 比如“col/1..3/：c，x”，以“/”将语句分为三部分，从左到右分别是集合的名称、集合的元素、集合的属性. 其中“集合的属性”对应于具体的含义，例如“c”就表示一组数，其含有 3 个分量，大小分别是“x_1,x_2,x_3”. “links(row,col):a”则是由定义出的 col 集合和 row 集合衍生出的集合，若不将其成员一一列出，则默认其由初始集合的所有可能的组合构成.

（2）初始化数据：即语句“data”至“enddata”之间的部分. 数据之间可以用空格隔开，也可以用逗号隔开，效果相同.

（3）建立模型：在前面的准备工作基础上，适当运用 LINGO 内置函数，将目标函数与约束条件较为简明地写出. 上面的例子中，目标函数运用了@ sum 函数，约束条件运用了@ for 函数，很容易根据字面意思猜测其含义及用法.

23.2 LINGO 的运算符和函数

熟悉并使用 LINGO 的一些常见运算符和函数，有助于我们较为快捷地输入一些模型. LINGO 常见运算符包括以下几类：

1. 算术运算符. ^次方, *乘, /除, +加, -减或取相反数.

2. 逻辑运算符. 参见表 23-1.

表 23-1　LINGO 逻辑运算符

分类	运算符	作用
运算对象是两个数	#EQ#	两个运算对象相等时为真，否则为假
	#NE#	两个运算对象不相等时为真，否则为假
	#GT#	左边大于右边时为真，否则为假
	#GE#	左边大于或等于右边时为真，否则为假
	#LT#	左边小于右边时为真，否则为假
	#LE#	左边小于或等于右边时为真，否则为假
运算对象是逻辑值或逻辑表达式	#NOT#	单目运算符，表示对运算对象取反
	#AND#	两个运算对象都真时为真，否则为假
	#OR#	两个运算对象都假时为假，否则为真

3. 关系运算符. 包括 =, <=, >=. 值得注意的是 LINGO 没有单独的"大于"和"小于"关系，若出现单个的">"或"<", LINGO 会认为是省略了"=", 可以用类似 $A+\varepsilon$ 的形式表达严格大于或严格小于.

LINGO 提供了一些内置函数，其中数学函数参见表 23-2，集合操作函数参见表 23-3，变量定界函数参见表 23-4.

表 23-2　LINGO 数学函数

函数名	返回值
@ABS(x)	返回 x 的绝对值
@SIN(x)	返回 x 的正弦值
@COS(x)	返回 x 的余弦值
@TAN(x)	返回 x 的正切值
@EXP(x)	返回 e^x 的值
@SIGN(x)	返回 x 的符号值
@SMAX($x1,x2,...,xn$)	返回这一系列数中的最大值
@SMIN($x1,x2,...,xn$)	返回这一系列数中的最小值
@FLOOR(x)	返回 x 的整数部分(向靠近 0 的方向调整)
@LGM(x)	返回 x 的 gamma 函数的自然对数值
@MOD(x,y)	返回 x 除以 y 的余数(x 和 y 都是整数)
@POW(x,y)	返回指数 x^y 的值
@SQR(x)	返回 x 的平方值
@SQRT(x)	返回 x 的正的平方根

表 23-3　　LINGO 集合操作函数

函数名	返回值
@ FOR(s:e)	对集合 s 中的每个元素都生成一个约束表达式，其具体形式由参数 e 描述
@ SUM(s:e)	对集合 s 中的每个元素分别得到表达式 e 的值，再返回所有这些值的和
@ MAX(s:e)	对集合 s 中的每个元素分别得到表达式 e 的值，再返回所有这些值的最大值
@ MIN(s:e)	对集合 s 中的每个元素分别得到表达式 e 的值，再返回所有这些值的最小值
@ IN(s:e1)	如果成员 e1 在集合 s 中，则返回 1，否则返回 0
@ SIZE(s)	返回集合 s 中的元素个数
@ INDEX(s:ek)	返回成员 ek 在集合 s 中的顺序号（索引值）

表 23-4　　LINGO 变量定界函数

@ BIN(x)	限制 x 为 0 或 1. 该函数在 0-1 规划中特别有用
@ BND(l,x,u)	限制 $l\leqslant x\leqslant u$. 可用作约束条件
@ GIN(x)	限制 x 为整数．该函数在整数规划中特别有用
@ FREE(x)	取消对变量 x 的限制（即 x 可取任意实数值）

下面举例说明以上函数的使用.

例 23.2　装箱问题

已知 30 个物品，其中 6 个长 0.51m，6 个长 0.27m，6 个长 0.26m，余下 12 个长 0.23m，箱子长为 1m. 问最少需要多少个箱子才能把 30 个物品全部装箱？

建立 0—1 规划模型如下：

$$\min z = \sum_{j=1}^{n} y_i$$

$$\text{s.t.}\begin{cases}\sum_{j=1}^{n} w_i x_{ij} \leqslant C y_j,\ j = 1,2,\cdots,n \\ \sum_{j=1}^{n} x_{ij} - 1,\ j = 1,2,\cdots,n \\ y_i = 0\text{ 或 }1,\ j = 1,2,\cdots,n \\ x_{ij} = 0\text{ 或 }1,\ i,j = 1,2,\cdots,n\end{cases}$$

对应的 LINGO 代码可以写成：

```
Model:
  Sets:
    WP/W1..W30/:W;   XZ/V1..V30/:Y;   LINKS(WP,XZ):X;
  Endsets
```

```
  Data:
    W = 0.51,0.51,0.51,0.51,0.51,0.51,
        0.27,0.27,0.27,0.27,0.27,0.27,
        0.26,0.26,0.26,0.26,0.26,0.26,
        0.23,0.23,0.23,0.23,0.23,0.23,
        0.23,0.23,0.23,0.23,0.23,0.23;
  Enddata
  Min = @sum(XZ(i):Y(i));
  C = 1;
  @for(XZ:@bin(Y));
  @for(LINKS:@bin(x));
  @for(WP(i):@sum(XZ(j):X(i,j)) = 1);
  @for(XZ(j):@sum(WP(i):W(i) * X(i,j)) < C * Y(j));
End
```

23.3　用 LINGO 求解非线性规划和多目标规划

LINGO 更强大的功能在于求解非线性规划以及多目标规划，下面分别举例说明.

(一) 用 LINGO 求解非线性规划问题

目标函数或约束条件（或两者）有非线性表达式的规划被称为非线性规划. 而非线性规划问题经常出现的问题是其局部最优解可能并非其全局最优解，而 LINGO 默认的 NLP 算法只能进行局部搜索，因此在求解非线性规划问题时，我们需要做一些处理，包括更改选项卡的设置等. 下面将以实例展示非线性规划问题求解的过程.

例 23.3　选址问题

某公司有 6 个建筑工地要开工，工地的位置(x_i, y_i)（单位：km）和水泥日用量 d_i（单位：t）由表 23－5 给出：

表 23-5　　某建筑工地位置和水泥用量　　单位：t

工地	1	2	3	4	5	6
横坐标 x_i	1.25	8.75	0.5	5.75	3	7.25
纵坐标 y_i	1.25	0.75	4.75	5	6.5	7.75
日用量 d_i	3	5	4	7	6	11

该公司需要确定两个临时存放水泥的场地（简称料场），日存储量各 20t，假设从料场到工地之间均有直线道路连接．试规划两个料场的位置，并制定每日的运输计划，使总的水泥量与运输距离乘积最小．

料场的位置用（px_i，py_i）表示，日存储量用 g_i 表示，从料场 j 向工地 i 的日运输量为 C_{ij}，在这一问题当中，决策变量是 px_i，py_i，C_{ij}．

目标函数是使总的水泥量与运输距离乘积最小，约束条件有两个：一是满足各工地的日需求，二是各料场的总出货量不超过日存储量，由此建立数学模型．

$$\min z = \sum_{i=1}^{6}\sum_{j=1}^{2} C_{ij}\sqrt{(px_j - x_i)^2 + (py_j - y_i)^2}$$

$$\text{s.t.}\begin{cases}\sum_{i=1}^{6} C_{ij} \leqslant g_j, j = 1,2\\ \sum_{i=1}^{2} C_{ij} \leqslant d_i, i = 1,2,\cdots,6\end{cases}$$

在 LINGO 中输入以下程序：

```
Sets:
gd/1..6/:x,y,d;
lch/A,B/:px,py,e;
links(gd,lch):c;
Endsets
Data:
x=1.25 8.75 0.5 5.75 3 7.25;
y=1.25 0.75 4.75 5 6.5 7.25;
d=3 5 4 7 6 11;e=20 20;
Enddata
Min=@sum(links(i,j):c(i,j)*((px(j)-x(i))^2+(py(j)-y(i))^2)^(0.5));
    @for(gd(i):@sum(lch(j):c(i,j))=d(i));
    @for(lch(j):@sum(gd(i):c(i,j))<e(j));
End
```

因为该模型是非线性规划模型，所以 LINGO 菜单 Option 参数设置中全局最优化求解器（Global Solver）的选项设置可能会影响结果. 我们在设置不用全局最优化求解器的情况下，如果多初始点求解程序（Multistart Solver）的 Attempt 设置为 2，找到的局部最优解仅能说有可能是全局最优解，加入把 Attempt 设置为 3 或 4，则计算结果为：目标函数最优值为 85.26606，新建料场的位置为 A(3.254882,5.652331),B(7.249999,7.749997)，运输方案如表 23 - 6 表示：

表 23 - 6　　例 23.3 的优化结果　　单位：t

工地	1	2	3	4	5	6
料场 A 运量	3	0	4	7	6	0
料场 B 运量	0	5	0	0	0	11

点击菜单 LINGO——Options——Global Solver，选中"Use Global Solver"，设置全局求解，重新运行 LINGO 程序. 我们发现，为得到全局最优解程序运行时间会明显变长. 而此时目标函数最优值仍然是 85.26606，新建料场的位置也没有变化.

（二）用 LINGO 求解多目标规划问题

最后给出一个用 LINGO 将多目标规划转化为目标规划的例子.

例 23.4　对于例 8.1 中的模型，我们可以采用序贯算法，即根据优先级的先后次序，将目标问题分解成一系列单目标规划问题，然后求解. 其 LINGO 程序如下：

```
Model:
  Sets:
    level/1..3/:p,z,goal;
    variable/1..2/:x;
    h_con_num/1..1/:b;
    s_con_num/1..4/:g,dplus,dminus;
    h_con(h_con_num,variable):a;
    s_con(s_con_num,variable):c;
    obj(level,s_con_num)/1 1,2 2,3 3,3 4/:wplus,wminus;
  Endsets
  Data:
    ctr = ?;
```

```
    goal = ?? 0;
    b = 12;
    g = 1500 0 16 15;
    a = 2 2;
    c = 200 300 2 - 1 4 0 0 5;
    wplus = 0 1 3 1;
    wminus = 1 1 3 0;
  Enddata
Min = @ sum(level:p * z);
p(ctr) = 1;
@ for(level(i) | i#ne#ctr:p(i) = 0);
@ for(level(i):z(i) = @ sum(obj(i,j):wplus(i,j) * dplus(j) + wminus(i,j) * dminus
(j)));
@ for(h_con_num(i):@ sum(variable(j):a(i,j) * x(j)) < b(i));
@ for(s_con_num(i):@ sum(variable(j):c(i,j) * x(j)) + dminus(i) - dplus(i) = g
(i));
@ for(level(i) | i#lt#@ size(level):@ bnd(0,z(i),goal(i)));
End
```

当程序运行时，会出现一个对话框.

在做第一级目标计算时，ctr 输入 1，goal(1)和 goal(2)输入两个较大的值，表明这两项约束不起作用，求得第一级的最优偏差为 0，继续进行第二轮计算.

在做第二级目标计算时，ctr 输入 2，由于第一级的偏差为 0，因此 goal(1)的输入值为 0，goal(2)输入较大的值，求得第二级的最优偏差仍为 0，继续进行第三轮计算.

在做第三级目标计算时，ctr 输入 3，由于第一、二级的偏差均为 0，因此 goal(1)和 goal(2)的输入值也均是 0，最终结果是 $x_1=2, x_2=4$，最优利润是 1600 元，第三级目标的最优偏差为 29.

第 24 章　图片拼接复原实验

【学习目标与要求】

1. 掌握常见的匹配问题的建模方法；
2. 了解 MATLAB 读写数据的命令；
3. 掌握数学建模论文撰写的一般格式.

本节实验内容为：将一张普通长方形图片纵向均匀切割成 k 份，运用数学软件，设计自动拼接复原的程序.

实验目的主要包括：学习建立和求解运筹学模型；学习 MATLAB 图片读写命令，并进一步熟悉 MATLAB 编程；学习数学建模论文的一般写法.

24.1　图片拼接复原实验

考虑普通的 RGB 颜色系统，即任意一点的颜色由三维向量构成，每个分量取值为 0—255 之间的整数，例如(255,255,255)代表白色，(0,0,0)代表黑色，(255,255,0)代表黄色等.

由于图片在计算机中是离散保存的. 因此可以将整张图片视为 $m \times n$ 个点，每个点的颜色以 RGB 格式保存，可以通过计算机命令读取，例如 MATLAB 里的命令是 imread（对应的通过 MATLAB 存储的颜色数据输出图片的命令是 imshow）.

通过简单分析容易看出，并不是任何图片都可以自动完美拼接复原（请举出一些明显不可能被复原的例子），初步研究我们只需要对较为一般的情形进行处理即可.

在没有设计算法进行编程之前，我们着重关心一下这个问题该如何“翻译”成数学模型. 所谓的图片拼接，实际上就是切割后的 k 个子图片以 $k!$ 种不同的顺序从左到右依次排列，从中选出最“匹配”的一组.

为了明确匹配的概念，需要先定义两条纸片的“距离”. 一个自然的定义方式是将第 i 片子图片和第 j 片子图片的有序距离定义为

$$d(i,j) = \sum_{p=1}^{n} d(i_p^+, j_p^-).$$

其中，i_p^+ 表示第 i 片子图片的第 p 行最右侧一列的元素，j_p^- 表示第 j 片子图片的第 p 行最左侧一列的元素，而二者的距离可以通过这两点的颜色值定义. 给定两点的颜色$(\alpha_1,\beta_1,\gamma_1)$和$(\alpha_2,\beta_2,\gamma_2)$，这两点的距离可以用

$$\sqrt{(\alpha_1-\alpha_2)^2+(\beta_1-\beta_2)^2+(\gamma_1-\gamma_2)^2}$$

来定义.

如果如此定义距离，最优匹配问题就可以表达为

$$\min_S \sum_{1\leqslant i<j\leqslant k} d(S_i,S_j)$$

其中 S 是 $1\sim k$ 的一个全排列.

若 k 较小时，例如 $k\leqslant 5$，$k!$ 也较小，以上优化问题可以通过枚举法求解.

事实上，该问题属于非对称旅行商问题，参见图 24－1. 以 5 片纸片复原问题为例，每张纸片简记为一个节点，分别记为节点 1—5，从节点 1 到节点 2 出发的一条（有向）连线代表纸片 1 的右侧与纸片 2 的左侧相连，其他连线同理. 由此，实际问题很容易对应翻译成，从图 24－1 中五个点中的某一点出发，依次在图中两个节点之间做连线，不间断地连完所有点，且保证 5 个点都连且只被“进出”连结了一次（不重连起点，且连结的总路径矩离最短）.

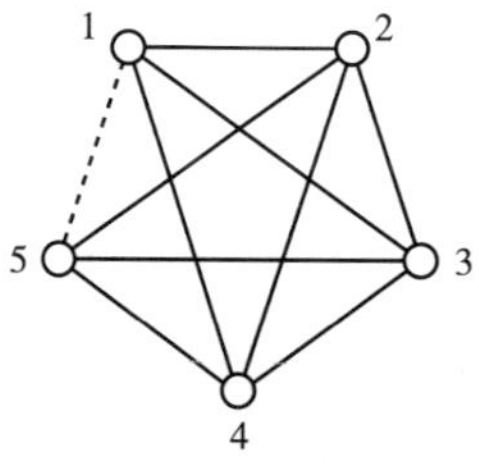

图 24－1　非对称旅行商问题示意图

该问题没有多项式时间内的算法，k 较大时需要采用近似算法求解，可以上网搜索常见的近似算法并编程求解.

除了以上初步研究外，可以讨论的细节问题很多，以下问题仅供参考：用不同方式定义距离及匹配度对结果的影响；算法优化目标的不同对结果的影响；利用插值等方法将内部一些颜色外推，是否会改进效果；图片本身有哪些特殊性质时，很难实现自动复原，有无普适性较强的算法；除了纵向切割外，同时进行横向切割.

24.2　数学建模论文基本结构

数学建模通常以论文的形式进行展示. 这里介绍一下一般的数学建模论文的框架，同学们可以参考这个结构将上面的实验结果书写成建模论文. 需要强调的是，科技论文写作有其特有的写作格式，建议初学者采取相对规范的方式学习论文写作，而不要追求标新立异.

1. 标题和作者：应简明扼要地概括论文的主要内容，如研究对象和主要方法等. 作者一般应以贡献排序，如果论文以数学理论研究为主，可以考虑使用字母序.

2. 摘要及关键词：用较短的篇幅综合性地介绍论文的主要工作，包括论文的研究背景、研究方法、主要工具、结论和创新点等. 涉及结果的部分一般用语言概括，也可以出现数字，但较少使用公式. 关键词一般为 3 ~ 5 个，应包括背景问题的关键词和数学方法的关键词. 除特殊情况外，一般不把数学软件、数据库和基本的数据处理方法及过程作为关键词出现.

3. 正文部分：

(1) 问题简介及文献综述：撰写科技论文应查阅文献，了解相关问题的研究历史和现状，并在论文的开始部分加以综述. 文献检索和文献综述是论文写作的重要部分，在第 16 章里已做过专门介绍. 对于数学建模论文而言，应包括对实际问题的介绍和相关数学方法的简介.

(2) 模型建立过程：

①模型建立过程指将实际问题抽象提炼，并进行适当假设后，概括为数学问题的过程. 论文应从对实际问题的理解出发，逐步提出最后的数学模型. 提炼出的数学问题与实际背景不能明显无关.

②模型假设是数学模型赖以生存的根基，以模型为主的论文，应明确而清晰地阐述模型的相关假设．对于重要假设，可以采用逐条汇总的方式加以强调．对于非常规假设，应具体说明假设的合理性及必要性．

初学者应尤其重视模型假设，不要因为怕被质疑而回避和隐藏模型假设．当然对于较为公认的假设，也没有必要浪费笔墨赘述．

③符号说明可随模型建立过程依次进行，也可汇总成符号用表，再对照表格逐条说明．符号说明应以便于读者查阅为原则，因此文章符号较多时推荐列出符号用表．

④模型建立过程中引用的数学理论或前人工作，应进行概括性说明，并注明相关参考文献．

（3）必要的数学推导：本科阶段的数学建模论文一般不会有太多复杂的数学推导，但仍需将推理过程书写清楚．详略程度大致可以参考理论数学课的简答题．重要的公式需要单独排版并标号引用．较为繁琐的非原创性的理论推导可以省略，但要注明参考文献．

（4）模型结果：数学建模的结果一般应包括三类：数学理论推导的结果、数据处理或数值计算的结果、模型用于解答或解释实际问题的结果．

（5）模型评价：包括模型的可信性分析、稳健性分析、参数敏感性分析、理论模型的数值模拟验证、将模型结果与实际数据对比检验等．如果没有这部分内容也可省略．

正文中建议多采用公式、图、表的格式对结果进行可视化表达，便于读者阅读．其中，较为重要的公式尽量单行居中排版，避免过多使用行进间公式，公式中的符号应尽可能简洁，且容易在正文中找到符号的含义．单独居中排版的公式有两种常见的编号方式：所有公式都编号，以及被正文引用到的再编号，建议较短的文章都编号．

图和表都需要有标题，标题应该简明扼要地概括图表内容．图的标题在图的下方，表的标题在表的上方．如果是坐标图，坐标系要有变量含义，且多种曲线并存时需要有图例．科技论文一般推荐优先使用三线表．

一般来讲，每张图表都需要至少在正文中提及一次，例如“参见图 1”等．但公式可以随正文推理过程自然出现，而不必每个公式都刻意提及“因此我们得到了公式 2”之类的话．一般不过早引用后文中出现的公式和图表，只引用上文出现过的，和就近即将出现的．

4. 结论部分：需要以高度概括的语言总结论文的核心方法和主要结果，如果需要的话也可以写几句模型的创新点和模型的进一步研究方向等．注意摘要部分和结论部分都会涉及一些对文章的“总结概括”，这两部分内容有一定的交集和相似性，但又有明显区别．摘要侧重于强调为什么要做、怎么做、成果如何，而结论侧重于强调用什么方法得到了什么样的结论（这个“结论”要比摘要中的结论相对更具体一些）以及结论的意义．

5. 参考文献：应列出与本论文相关的主要参考文献，一般在 5—20 篇之间. 除了已经写入经典教材的方法原理外，通常更推荐引用学术论文而非教材.

参考文献有严格的书写格式，可以通过网络检索自行查找参考文献的书写规范. 各学术期刊和学位论文一般会提供自己的参考文献书写要求，部分数据库资源也会在检索文献的同时提供所查找文献的标准引文格式. 如果在正文里不注明参考文献，建议按中英文分开、各部分分别以字母序的方式对参考文献进行排序.

6. 附录：根据需要，可以将一部分程序代码、数据来源、较为繁琐的数学证明、较为繁杂的数据处理结果列入附录.

尽管本科阶段对论文写作的形式要求并不算高，但建议同学们从学习科技论文写作的一开始就尽可能了解和遵从学术界的论文写作规范，为进一步深入学习和研究做好准备.

第 25 章　群体博弈实验

【学习目标与要求】

1. 通过实验体会群体博弈的特点；
2. 掌握 MATLAB 调用子程序的方法.

群体博弈在现代金融市场中普遍存在，判别群体博弈形势往往是处理金融问题重要的环节，对于量化交易等问题具有重要意义.

但群体博弈形势通常较为复杂，不存在完美的理论研究结果，目前已知的主要结论大多源自相关的实验研究. 因此本节我们也将以典型的群体博弈问题为例，通过实验研究群体博弈的复杂性和独特的魅力.

在本节实验中，我们将给出几个群体博弈的“游戏规则”，并给出对应于这个规则的 MATLAB 主程序. 建议多组同学共同完成群体博弈实验，每组同学分别完成 MATLAB 子程序，再将全班所有小组的程序汇总，连同主程序共同运行. 由此，在体会群体博弈的同时，学习 MATLAB 子程序的编写.

所谓 MATLAB 子程序，是指 MATLAB 可以将多次使用的程序，定义、编写为单独的函数 m 文件. 这样“主程序”在使用这段子序时，可以用简单一两行命令调用子程序运行，从而使主程序显得更为简洁. MATLAB 提供了多种子程序的方式. 这里只简单介绍一种.

```
function s = myfun(x)
s = x + 1
```

这个子程序中，function 代表函数文件，s 是函数输出结果，myfun 是函数名，x 代表参数. 输入：

myfun(2)

运行可得结果

ans = 3

注意子程序的文件名应与函数名相同，并与主程序放在同一文件夹下，才能保证其正确运行.

25.1 阿克塞尔罗德的重复博弈实验

美国著名的行为分析与博弈论专家阿克塞尔罗德在 20 世纪 80 年代曾经组织过三次著名的计算机程序设计竞赛，用于分析人们在重复博弈的过程中，能否自觉走出囚徒博弈，实现合作共赢.

其基本规则如下：每一组参赛选手将循环 PK 所有其他参赛者，并将每次 PK 的总得分作为该选手的最终成绩. 其中，每次 PK 将进行 200 回合重复博弈，每次博弈双方可以背对背地自由选择，“合作”或者“不合作”，其收益矩阵如表 25 - 1 所示：

表 25 - 1　　阿克塞尔罗德实验的单次收益矩阵

参与人 2 / 参与人 1	合作	不合作
合作	(3, 3)	(0, 5)
不合作	(5, 0)	(1, 1)

实验要求参赛者设计一套自动出牌策略，根据对手前面回合的出牌结果，来推断对方的合作意愿，从而完成自己后面回合的出牌. 可以说是一种朴素的“人工智能”的思想.

注意到如果博弈只进行一个回合，这是一个典型的囚徒困境，参与人都选择不合作是纳什均衡. 但由于如果双方同时选择合作，其得分要优于同时选择不合作，可以想象的是，参赛者将在他们的 PK 过程中达成了合作的共识，从而试图在循环 PK 的过程中取得一定的优势.

阿克赛尔罗德曾经前后组织了三次实验竞赛，其主要实验结论包括：

1. 由于重复博弈的影响，参与人倾向于选择放弃“不合作”的纳什均衡，试探性与对方合作共赢. 最终实验的总平均得分远超过 200 分（即所有人一直选择不合作的得分），因此认为，重复博弈可以促使“合作进化”.

2. 在未知对手的循环乱斗中，“几乎一直合作”和“几乎一直不合作”的两极化策略均没有较好的表现. 表现最优的策略，其程序代码只有四行，被称为 TFT（Tit For Tat，一报还一报）策略. 即第 1 回合先出“合作”表达友好的态度，从第 2 回合到第 200 回合，自己的出牌完全等同于对手上一次的出牌.

3. 一报还一报有一些简单变形，如“两报还一报”“一报还两报”以及一些带有简单随机参数的策略，均取得了较为优异的表现.

该实验结果引起了社会学家的广泛关注，并被用于解释很多社会行为，比如，认为“不卑不亢”是与陌生人社交的“最优”方式，等. 你觉得以上实验结论是否符合你的想象？如果觉得存在问题，可以设计你认为更优秀的自动出牌策略，重复这一实验，看看你的策略能否表现得优于“一报还一报”.

特别地，我们要指出，一报还一报绝非数学意义上的“最优策略”，因为至少容易证明，如下策略无论遇到什么对手，表现不劣于它：从 1—199 回合等同于一报还一报的策略，第 200 回合选择“不合作”. 这提醒了我们在用经典实验结果解读社会现象时，要注意用词的严谨性，不能不加条件地说“一报还一报是最优策略”之类.

以下是该实验的主程序和示例子程序.

主程序：

```
global i
group = 10;
MAX = 200;
x = zeros(MAX,1);
y = zeros(MAX,1);
p = zeros(MAX,1);
q = zeros(MAX,1);
score = zeros(group,group);
for m = 1:group
    for n = m + 1:group
        for i = 2:MAX
            x(i) = eval(['fx',num2str(m), '(x,y,p,q)']);
```

```
        y(i) = eval(['fx',num2str(n), '(y,x,q,p)']);
        if x(i) * y(i) == 1
          p(i) = p(i-1) + 3;
          q(i) = q(i-1) + 3;
          else if x(i) == y(i)
            p(i) = p(i-1) + 1;
            q(i) = q(i-1) + 1;
            else if x(i) == 1 && y(i) == 0
              p(i) = p(i-1);
              q(i) = q(i-1) + 5;
              else if x(i) == 0 && y(i) == 1
                p(i) = p(i-1) + 5;
                q(i) = q(i-1);
              end
            end
          end
        end
        score(m,n) = p(i);
        score(n,m) = q(i);
      end
    end
end
score
```

子程序示例：

随机策略：fx = floor(2 * rand(1))

“一报还一报”策略（假定第一回合所有人都出合作）：fx = y(i-1)

25.2　判断“变革时间”的群体博弈游戏

与实验一类似，我们的目的仍然是重复博弈的背景下，根据群体博弈中之前回合每个参与者的表现，设计一套完整的自动出牌策略．与实验一不同的是，这个实验并不是两两PK，而是多方同时参与，共同决策．其记分规则如下：

这个重复博弈中，每个参与方可以在“支持变革”或“不支持变革”两种态度中选择一个，如果选择“变革”的人数小于总人数的$\frac{2}{3}$，则本回合不发生变革，选择“不变”的参与人可以得到1分，选择“变革”的得0分；如果选择“变革”的人数大于或者等于总人数的$\frac{2}{3}$，则本回合“变革”成功，选择“变革”的参与人可以获得x分，x为上一次变革成功的回合与当前回合间隔的次数，选择“不变”的不得分．

博弈将重复10000回合，已经完成的每一回合每一个参与者的选择是公开的，以10000回合之后的累计得分高低判断胜负．实验用的主程序如下：

这里给出实验的主程序示例：

```
clear all;
group = 18;
MAX = 10000;
v = 12;
x = zeros(MAX,group);
s = zeros(MAX,group);
tc = zeros(MAX,1);
l = 0;
CurrentTurn = zeros(1,group);
for i = 1:MAX
for m = 1:group
    CurrentTurn(1,m) = eval(['f',num2str(m), '(i,l,x,s,c)']);
    if CurrentTurn(1,m) = 0 && CurrentTurn(1,m) = 1
       CurrentTurn(1,m) = 'error'
       break
    end
end
x(i,:) = CurrentTurn(1,:);
vote(i) = sum(x(i,:));
if vote(i) > = v
```

```
    c(i) =1;
    k =i -1;
    l =i;
    for r =1:group
       s(i,r) =k * x(i,r);
    end
    else
       for r =1:group
          s(i,r) =1 -x(i,r);
       end
    end
end
score' =sum(s);
end
score
```

25.3　模拟群体投注实验

在上一实验的基础上，我们进一步调整游戏规则，使之更接近金融市场情境下对群体博弈的需求．实验规则如下：

自动重复 100000 回合博弈，所有人初始得分为 0.

（1）每回合所有人依据之前回合所有人的出牌情况，根据自己的自动出牌策略，背对背出牌，可以出 -1（看跌），0（观望）和 1（看涨）三种.

（2）比较每回合出 1 的人数和出 -1 的人数，若相等，所有人得分不变；若出 1 的人数大于出 -1 的人数，所有出 1 的人 +3 分，所有出 -1 的人 -3 分，出 0 的得分 -1 分；若出 -1 的人数大于出 1 的人数，所有出 -1 的人 +3 分，所有出 1 的人 -3 分，出 0 的得分 -1 分.

（3）限制每个人累计投票数字之和不能超过[-100,100]（象征个人资产总值约束）．即如果某个人从第一回合到当前回合的全部投票数字之和是 100，下一回合只能出 0 或 -1；全部投票数字之和是 -100，下一回合只能出 0 或 1.

(4) 以 10000 回合后的每个人的得分为排序依据，越大越好.

该实验的 MATLAB 主程序如下，参与者可自行设计子程序，子程序统一命名为 fv + 小组号. m，将子程序与主程序放在同一个子目录下运行.

```
%————————基本数据初始化————————
TotalGroups = 31;% 参与博弈小组数量
TotalRounds = 10000; % 博弈轮数
Vote = zeros(1,TotalGroups);% 所有小组当前轮次的投票
Votes = zeros(TotalRounds,TotalGroups);% 所有小组的所有轮的投票结果
Score = zeros(1,TotalGroups);% 所有小组当前轮次的得分
Scores = zeros(TotalRounds,TotalGroups);% 所有小组的所有轮次的得分
Results = zeros(TotalRounds,1);% 所有轮次的结果
Error = zeros(1,TotalGroups);% 所有小组当前轮是否报错
Errors = zeros(TotalRounds,TotalGroups);% 所有小组所有轮次是否报错
Accumulations = zeros(1,TotalGroups);% 所有小组当前轮财富累积
% **************************** 博弈过程 **********************************
for Round = 2:TotalRounds
    for Group = 1:TotalGroups
            Vote(Group) = eval(['fv',num2str(Group),'(Votes,Scores,Results,Round)']);
    end
%————合法性判定————
    Error = zeros(1,TotalGroups);
    Er1 = find(Vote ~= 1 & Vote ~= 0 & Vote ~= -1);% 寻找数值不合法的结果位置
    Error(Er1) = 1;% 将这些位置错误计数标记为 1
    Vote(Er1) = 0;% 将这些位置结果更正为 0
    Accumulation = sum(Votes) + Vote;% 将所有组当前结果累加
    Er2 = find(abs(Accumulation)> 100);% 判定是否在累积 100 或 -100 时依旧选择 1
或 -1
    Error(Er2) = 1;% 将这些位置错误计数标记为 1
    Vote(Er2) = - Vote(Er2);% 将决策反向。
%统计投票结果
    Votes(Round,:)=Vote;
    Errors(Round,:)=Error;      % 计算分数
```

```
    S = zeros(1,TotalGroups);
    if Results(Round,1)~=0
        S =3*sign(Results(Round,1))*Votes(Round,:);
        S(S==0)=-1;
    end
    Scores(Round,:)=S;
    Vote = zeros(1,TotalGroups);
    Round
end
FinalS = sum(Scores)
FinalE = sum(Errors)
```

第 26 章　计算机仿真模拟

【学习目标与要求】

1. 掌握 monte - carlo 方法的原理；
2. 能够利用 monte - carlo 法求解一些复杂的概率问题.

利用计算机高速运算的特性，可以较好地进行某些数学问题的仿真模拟，我们称其为计算机仿真模型. 有些学者将机理模型、统计模型和计算机数值仿真模型并列为数学模型的三大类型，可见其在数学建模中的重要性.

26.1　Monte - Carlo 模拟

最常用的一类计算机仿真模型是 Monte - Carlo 模拟（Monte - Carlo 是著名的赌城名字）. 其基本思想可以概括为，利用计算机高速运算的特点，通过大量独立重复实验，利用某事件发生的频率去估计它的概率，从而完成对某些难以定量计算的概率的估计.

历史上著名的蒲丰投针实验，也可以看成 Monte - Carlo 模拟. 此外，Monte - Carlo 模拟还可用于求解定积分问题.

例 26.1　利用 Monte - Carlo 模拟求解定积分的两种方法

为求 $\int_a^b f(x)dx$，可以采取两种基于概率论的方法. 为叙述方便，令 $f(x) \geqslant 0, \forall x \in [a,b]$.

方法一，由于 $\int_a^b f(x)\mathrm{d}x = (b-a)\overline{h}$，只要在 $[a,b]$ 之间均匀选取随机数，并计算对应的 $f(x)$，就可以得到平均高度 $\overline{h}$，从而得出定积分的值.

方法二，选取一个足够大的矩形 $S=[c,d]\times[0,m]$，使得 $\{(x,f(x))\mid x\in[a,b]\}\subset S$. 再在二维矩形 S 中均匀取点，并计取到的点落入 $\{(x,f(x))\mid x\in[a,b]\}$ 的概率 p，则所求定积分的值即为 $(d-c)m\times p$.

而上面两种方法提到的 $\overline{h}$ 及 p 均可以通过 Monte - Carlo 模拟的思想，借助大量重复实验中对应事件发生的频率去近似求解. 可以说二者都是运用 Monte - Carlo 模拟求解理论问题的典型例子，而其中方法二在求解高维积分问题时相对更容易推广.

有些时候，我们也用 Monte - Carlo 模拟去估计一些理论上可以求解、但较为复杂的概率问题.

例 26.2 随机游走与逢输加倍

博彩是一种特殊的游戏规则，以最常见的轮盘赌游戏为例. 轮盘上有 38 个沟槽，其中有 2 个绿色槽，此外红色和黑色各占一半.

游戏开始时玩家对小球即将落入的沟槽进行下注，最简单的游戏规则是押红色和黑色. 而后启动轮盘旋转并置入小球，当轮盘停止时，以小球落入的沟槽决定游戏结果. 易见对于标准的轮盘，押红色和黑色的胜率各为 $\frac{18}{38}$. 如果押中时奖励与下注金额相同，未中时失去下注金额，则每次单位下注的期望收益是 $-\frac{2}{38}$.

如果某人有本金一万元，考虑如下两种特殊的下注策略的优劣：

（1）随机游走策略，每次下注 1 元，直至累计赚到 1 元或者赔光本金；

（2）逢输加倍策略，第一次下注 1 元，若下注失败下次下注金额为上次的 2 倍，任何时候只要下注成功（意味着累计收益为 1 元）退出游戏.

一般通过常见的数字特征比较策略优劣，且选择不同的数字特征比较结果是不同的.

很明显两种策略都只有两种结束游戏的状态，对应收益上限都是 +1 元，但下限不同，前者是 -10000 元，而后者是 $-2^{13}=-8192$ 元.

对于策略（2），容易求出以 -8192 元退出游戏的概率是 $\left(\frac{20}{38}\right)^{13}\approx 2.38\times 10^{-4}$，进而求出以该策略参与该游戏的平均收益为 $1\times\left(1-\left(\frac{20}{38}\right)^{13}\right)+(-8192)\times\left(\frac{20}{38}\right)^{13}\approx -0.95$ 元.

而对于策略（1），用初等概率论的方法较难计算出到达两种状态的概率，可以借助随机过程的理论来解决该问题. 实际上，该问题为典型的一维随机游走问题，即从初始位置

0 出发，每次以$\frac{18}{38}$的概率向右移动一个单位，以$\frac{20}{38}$的概率向左移动一个单位. 同时由于左右两侧各有两个终止移动的“吸收壁” -8192 和 1，故称其为带有双侧吸收壁的随机游走问题. 关于该问题的结论见定理 26.1：

定理 26.1　考虑一个在整数上从 0 出发的带双侧吸收壁的随机游走模型，设向右移动一步的概率为 $p<\frac{1}{2}$，向左移动一步概率为 $q=1-p$，设 $-a,b(a,b>0)$ 为两个吸收壁. 则其在有限时间内被吸收的概率为 1，被左侧吸收壁 $-a$ 吸收的概率为

$$\frac{\left(\frac{q}{p}\right)^{a+b}-\left(\frac{q}{p}\right)^{a}}{\left(\frac{q}{p}\right)^{a+b}-1},$$

根据该结论，可以计算出，上述游戏中玩家最终以 -10000 元退出的概率是

$$\frac{\left(\frac{20}{18}\right)^{10001}-\left(\frac{20}{18}\right)^{10000}}{\left(\frac{20}{18}\right)^{10001}-1}\approx 0.1,$$

所以用策略(1)参加游戏的期望收益约为 -999.1 元.

【练习 26.1】

如果不知道定理 26.1，如何用 Monte－Carlo 模拟求出随机游走时的平均收益？

对于上例中的两种下注方式，你认为哪种策略比较“好”，为什么？是否存在更“好”的策略？

逢输加倍收益较为稳健，但很容易激发人的赌徒心态，存在相对较高的破产率，很多时候是被禁止的. 那么是否可以考虑在股市中应用该策略？

例 26.3　一个纸牌魔术的成功率估计

有一种纸牌读心术，其表演流程如下：表演者要求观众将一副普通扑克牌洗牌后，每 n 张排一行，依次排成若干行，如图 26－1. 而后请观众在第一行的 n 张牌（图中所示为 8 张）中任选一张，并声称可以猜到观众的选择.

表演者暂时不去说明观众的选择如何，而是要求读者从所选择的牌开始，从这张牌面开始，向后数这张牌的点数张牌，以此类推不断进行“袋鼠跳”，其中 JQK 可以约定成 11、12、13 或者 1、2、3 等.

如果观众最初选择的是第 4 张，黑桃 8，那么他需要向后跳 8 张牌，即到了草花 K，然后根据之前的约定，如果将 K 视为 3，就继续跳到三张后的红桃 6，如果将 K 视为 13，则直接跳到 13 张后的红桃 9，以此类推. 由于所有纸牌数有限，在进行若干次袋鼠跳后，

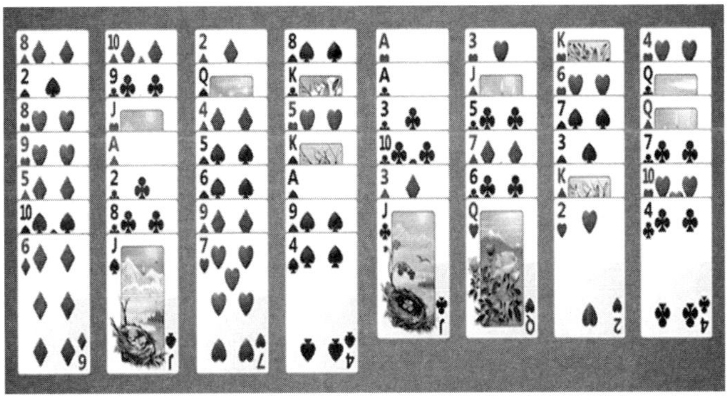

图 26－1　一种纸牌读心术的示意图

必然会停留在某一张牌上无法继续向后跳，因为剩余牌数不足.

此时表演者声称，他可以猜到观众最终停在了哪张牌上. 如果他恰好猜对，就会有一种成功读心的感觉，从而完成了这次读心术的表演.

容易看出这是一个有数学机理支撑的数学魔术，我们不妨先思考一下，这个“读心术”能成功的根源在哪里？一定会成功吗？如果不能够一定成功，如何估计这个魔术的成功率？

事实上，这个问题背后蕴含的机理涉及了数论的知识，相对而言较为专业. 但如果想估计魔术的成功率，即使不懂数论相关理论，也可以用 Monte－Carlo 的方法通过多次重复实验模拟出这个概率. 请参考如下的 MATLAB 代码理解这一过程.

```
n6 =0;
for i =1:10000
    q =(mod(randperm(52),13));
    q(find(q ==0)) =13;
    q =(mod(q,10));
    q(find(q ==0)) =10;
    n1 =0;
    n3 =zeros(1,8);
    for n2 =1:8
        n4 =n2;
        while n2 <53
            n1 =q(1,n2);
            n2 =n2 +q(1,n2);
            n3(1,n4) =n2 -n1;
        end
```

```
        n5 = unique(n3);
        if length(n5) == 1 n6 = n6 + 1;end
    end
end
    n6 = n6/10000
```

26.2 参考实验题目

【练习 26.2】

游戏的平衡性是游戏设计的重要因素．平衡性好的游戏，可以简单理解成，在不考虑游戏者“水平”的前提下，尽管不同玩家面对的游戏规则不对称，但不同玩家/团队的胜率应该是接近相同的，或者通过某种得分机制的换算后其得分应该是接近相同的．

很多多方参与的游戏，游戏各方之间并非完全对称．例如回合制游戏的先后手区别、在五子棋中有先手禁招、国际象棋中有军王易位等相关规则；或者由于游戏设备的不同导致的差异，例如在利用同一台计算机进行双人格斗游戏时，在按键速度过高时不同键位可能响应速率不同；或者有一些人为设计的非对称游戏，一方占据人数优势而另一方占据资源或技能优势，如斗地主、狼人杀等．

评价游戏的平衡性有两个大的思路．一个是从统计的角度进行调研，即组织不同背景的人进行游戏测试，但这样通常需要消耗较高的经济和时间成本，且结果往往具有主观不可控因素；另一个是从理论分析的角度，将逻辑推理与数值实验相结合，再利用计算机仿真模拟，测试游戏的平衡性．即在理解游戏规则的基础上，首先通过抽象提炼，将人在参与游戏时的主观行为进行简单概化，然后通过计算机仿真模拟的方式，估测不同游戏者的获胜概率．对本实验问题而言，该方法可以有效节约游戏测试和评价的经济及时间成本．

本实验问题：选择一个你比较熟悉的游戏，传统棋牌类游戏、电子游戏、桌游、社交游戏均可，指明游戏机制中包含的非对称成分．并通过计算机仿真模拟，测试该成分对游戏平衡性的影响．而后从游戏平衡性的角度，提出对游戏机制的改进建议，例如修改规则或者增添补充规则等；也可以说明为什么该游戏其他方面的优势可以弥补平衡性的不足．

【练习 26.3】

雪球产品是我国证券市场近年迅速兴起的一种浮动性收益凭证. 请以中信建投发行 2021 年 4 月 19 日至 21 日发售的雪球增利 3 号为例（参见图 26－2），估算该产品的收益和风险.

图 26－2　雪球产品举例

产品说明：

（1）观察发行日（按 2021 年 4 月 21 日算）后第 6—24 个月的每月 21 日收盘价的中证 500 指数（如果不是交易日顺延至下一个交易日），若该指数大于等于"敲出标准"，称为"敲出"，产品提前中止；

（2）若发行满 24 个月后，始终没有达成（1）中的敲出情况，该产品到期结束；

（3）在产品存续期的每个交易日，观察收盘价的中证 500 指数，若其小于"敲入标准"，称为"敲入"，仅记录"是否有过敲入"，不提前中止产品.

该产品的结算方式如下：

（ⅰ）若产品提前敲出，产品返回全部本金，并按照实际持有时长，乘年化 16.5% 计息（单利）；

（ⅱ）若产品 24 个月后到期结束，且结束前没有发生过敲入，产品在返回本金的同时，按照实际持有时长（24 个月）乘年化 16.5% 计息（单利）；

（ⅲ）若产品 24 个月后到期结束，且结束前发生过敲入，产品不返回全部本金，改为返回 k 倍本金，k 为产品到期日（2023 年 4 月 21 日或顺延）中证 500 指数与发行日指数之比. 本产品的敲出标准为：$[100\% - 0.5\%(n-1)] \times x$，$n$ 为观察月，即第六个月时 $n=6$ 敲入标准为：$75\% \times x$，其中，x 为发行日收盘价的中证 500 指数. 每份产品为 100 万元.

提示：估计本产品收益与风险的关键在于模拟大盘指数的变化. 由于本问题要模拟的时间段较长，并没有公认的可信性强的模拟方法，为简化起见，可以假定大盘指数服从几何布朗运动，进而利用计算机仿真模拟方法估算出产品的收益和风险. 下载大盘指数的方法可以参见本书 28 章.

同时请注意，刻画产品收益与风险的指标不仅仅只有期望和方差，针对本问题，请找出其他关键性的指标用于刻画产品收益与风险.

第 27 章　诠释型模型的构建

【学习目标与要求】

1. 掌握诠释型模型模型假设的常见技巧；
2. 了解常见的诠释型模型.

现实世界中的很多问题涉及众多错综复杂的影响因素，可以通过建立数学模型梳理其中隐含的机理，明确内在的因果关系，这就是所谓的诠释型数学模型. 对应的以定量求解某个参数或变量的值为主要目标的模型称为解答型模型. 粗略地讲，二者可以与数学考试中的证明题和解答题相类比. 因此一般来讲，诠释型模型对初学者也更为复杂一些. 尤其是，我们知道数学模型是有假设的，而证明则一般是严谨的，那么“带着假设的证明”该怎么进行，值得专门进行一次实验练习.

27.1　诠释型模型举例

在本课程的学习过程中，我们也已经列举了少量的诠释型模型，一般来讲，对初学者而言，在概率论、博弈论有关的问题中，比较容易找到这样的例子. 我们再举几个例子.

例 27.1　朝三暮四的积分解释

成语“朝三暮四”出自《庄子 · 齐物论》. 某人养了一群猴子，由于口粮不足，他希望猴子吃一些橡子充饥，就对猴子说，每天早上给它们三粒橡子，晚上给四粒橡子，猴子纷纷表示不够吃. 于是他改变方法，每天早上给它们四粒橡子，晚上给三粒橡子，猴子因此觉得很满意.

这个成语起初曾被用来“鄙视”猴子智商低，不会求加法，但细想一下，真的如此简单吗？

比如，如果在任意时刻引入一个变量 $x(t)$，用于表示猴子的“可支配（食用）橡子数”，并在一天内部对该变量进行积分，以刻画可支配橡子带给猴子的效用. 那么显然，“朝四暮三”的积分要大于“朝三暮四”的积分. 这就是为什么猴子更喜欢早一点拿到四粒橡子的原因.

也就是说，猴子思考的是定积分，而嘲笑他的人计算的是加法，到底谁更有智商优势呢？用经济学语言，猴子更懂得资产的时间价值.

例 27.2 公交车候车时间过长的错觉

公交车一般是等间隔发车，例如每 20 分钟一班，因此如果到达车站的时间是无规律的，平均来看等候时间应该是 10 分钟，但很多人日常生活中会有一种错觉，即平均候车时长远超过发车间隔.

为此，不同人给出了不同解释：有人从心理学角度，认为人对痛苦的记忆要更长，因此长时间的等候往往比刚到车站就可以上车的事情刺激更深刻，从而形成了平均候车时间长的错觉；有人自怨自艾，认为自己就是运气不好；还有人腹黑地认为发车间隔有问题，实际发车间隔没有标注的那么短. 你觉得这些说法有道理么？

为了解释这一现象，我们可以建立简单的诠释型模型. 在陈述之前我们还是再强调两点：

1. 数学模型是有假设的，并不代表所有细节都要考虑，只是考虑了“我们认为”的最主要的矛盾，不同人候车时长不同的原因可能就是有差异，但“主要原因”“基本上”是我们说的这样，建立诠释型模型不等于要完全否定别的理由；

2. 数学模型有从简性原则，在可能的前提下，要选择最简单的理由、最简单的逻辑，用最简单的数学进行诠释. 除特殊情况外，尽可能避免用一些旁人看不懂的深奥数学去解读一个简单的现象.

对于例 27.2 中提出的问题，较为合理的解释是，如果不考虑路况影响，那么根据几何概型，这个人的平均候车时间应为发车间隔的一半. 但如果考虑到路况影响，每辆公交车有可能提前，也有可能延后. 这样这个人如果在第一站，平均候车时间仍是发车间隔的一半，但第二站开始，平均候车时间会变长.

参见图 27 - 1，图中横坐标代表人到达某一公交站的时间，纵坐标代表这个人的候车时间. 左图是不考虑路况影响的情况，右图是考虑路况影响后的情况. 易见如果这个人是随机时间到达车站的，那么右图的平均候车时间要比左图长.

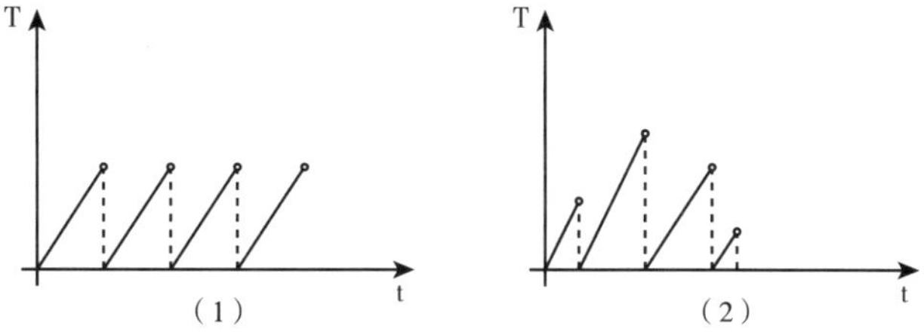

图 27－1　公交车候车时间示意图

【练习 27.1】最漂亮的女孩没人追?

在美国普林斯顿大学的酒吧里，4 个男生正商量着如何去追求一位漂亮女生，当时还正在大学读书的纳什却在朦胧的“博弈论”思维逻辑引导下喃喃自语：“如果他们 4 个人全部去追求那漂亮女生，那她一定会摆足架子，谁也不睬. 然后，再去追其他女孩子，别人也不会接受，因为没人愿意当‘次品’. 但如果他们先追其他女生，那么漂亮女生就会感到被孤立，这时再追她就会容易得多.”在纳什眼里，追求女生就是一场“博弈”，而“博弈”是要遵循一定规则的，是需要“博弈”策略的.

你能根据已有的博弈论知识，解释清楚纳什的思考过程吗? 如果你觉得他的观点不准确，能否加以修正?

27.2　参考实验选题

建立诠释型模型的目的是理清问题机理，避免主观因素干扰，通常用在影响因素较多、问题本质不够明显、或者结论初看起来较为反常的情况，对于那些原理简单、成因清楚、结论自然的问题，没有必要为了建模而建模，强行套用数学语言解释. 或者说，利用数学模型解释后，需要得到一些比不用数学模型解释更有价值的结论.

【练习 27.2】

1. 甲、乙、丙三人决斗，三人开枪的命中率从小到大依次为甲＜乙＜丙，以甲—乙—丙的次序循环开枪直至最后只剩一人. 轮到任何人出手时，这个人必须朝另外的存活的某一人开枪. 那么这三个人中谁活下来的机会最大呢？他们都应该采取什么样的策略？

为了理论研究方便，可以先假定丙的命中率是100%，画出“决策树”来分析该问题. 并据此画出最终获胜人相对于甲乙命中率的双参数分岔图. 在此基础上再尝试放宽丙的命中率条件.

2. 如果把上面的问题做一点修改，轮到任何人出手时，这个人可以选择存活的任何一人开枪. 但每个人向自己开枪时命中率都会大幅度降低.

在此条件下重新分析问题1，你能否找到一组参数条件（即甲乙丙向别人射击的命中率以及向自己射击的命中率)，使得在该参数条件下，轮到某个人出手时，他选择向自己开枪才是最优策略？你能将该模型用于解释一些社会问题吗？

【练习 27.3】**建立合理的诠释型数学模型，解释以下问题：**

1. 工程设计的时候经常会采用“抵御百年一遇的自然灾害（如洪水、地震等)”等标准，什么叫“百年一遇”？二十年内遭遇多少次百年一遇的自然灾害（比如洪水）是正常的？如果某桥梁设计寿命 是一百年，但是五年就塌了，是否可以认为存在质量问题？

2. 商家促销经常有打九折、买九送一、满百返十等不同活动，它们之间的区别是什么，商家在什么时候适合用什么样的促销方式？

3. 不同的球类比赛采取不同的计分制，例如，三局两胜，五局三胜等；同时对于每局的分数也有不同标准，例如先到 15 分者胜，先到 7 分者胜等；还有些比赛，在先到 15 分者胜的基础上，增加了若达到了 14 平，则需要首先领先对手 2 分才算本局获胜. 试建立模型说明这些计分标准各自的优劣性.

4. 结合概率论中经典的“选举原理”，分析在2020 年美国大选中，如果某几个州的计票有问题重新计票，是否有可能改变选举结果.

【练习 27.4】

某积分制游戏，每局游戏胜负分别加减 1 分，初始为 0 分. 现有几种不同的游戏方式：

(1) 每天玩任意多局；

(2) 每天玩到第一次获胜停止；

(3) 每天玩到第一次失败停止；

(4) 每天累计增加 10 分停止；

(5) 每天连续输赢 10 局停止.

若某人每局获胜概率固定且独立，按以上五种方式分别参与该游戏. 请比较五种方式中，首次到达 100 分的总局数、总天数、累计胜率、日胜率是否相同，不同的给出大小关系排序.

如果进一步引入参与游戏的效用函数，该函数与每日游戏局数、获胜局数等有关，试比较以上五种方式中最优的参与方式.

【练习 27.5】

手机游戏经常会设置各式的诱充陷阱，例如不时更新付费收藏品等. 其中也不乏纯靠“数学工具”设置陷阱的，放置挂机类游戏就是其中代表.

这类游戏里角色需要靠经验值升级，不同等级升级消耗的经验值不同，不同等级单位时间能获取的经验值也不同. 一般随着时间正常推移，经验值会不断累积，但付费购买道具可以加速升级过程，从而获得领先他人的愉快的游戏体验. 但这类加速往往具有时效性，一段时间之后，就会发现消费的效果微乎其微，想要继续在游戏中占优，只能继续付费加速.

利用函数与极限的思想，分析这类游戏设置中的相关函数，说明游戏设计者通过什么样的函数实现了这种反复诱充的效果.

【练习 27.6】

拍卖理论是非合作博弈在经济学中的一个重要应用. 拍卖种类繁多，主要考虑以下四种标准拍卖：

(1) 第一价格密封拍卖，first-price sealed-bid：每位竞价者向卖者提交一个密封的竞价，出价（或叫价）最高的人获胜并（为拍卖标的）支付此价格.

(2) 第二价格密封拍卖，second-price sealed-bid：每位竞价者向卖者提交一个密封的竞价，出价（或叫价）最高的人获胜，但（为拍卖标的）支付第二高的价格.

(3) 荷兰式拍卖（Dutch auction）：卖者从一个高价开始，然后逐渐降价，第一个举手的竞价者以当前的价格赢得拍卖标的.

(4) 英式拍卖 (English auction): 从卖者公布底价开始，竞价者逐渐提高价格，每位竞价者想退出拍卖时可发出信号. 当竞价者只剩下一名时，他就是赢家，并支付当时的价格.

有一个经典结论是，如果 N 位竞价者对拍卖品价值的估计独立同分布，那么这四种拍卖方式带给卖者的期望收益是相等的. 请查阅相关资料，构建数学模型解释这一结论.

【练习 27.7】

综合运用本学期学习过的数学建模思想，尝试思考几个更为开放的问题.

1. 股市中，涨停 (+10%) 和跌停 (-10%) 给人带来的心理感受一样吗，为什么? 连续涨停和连续跌停哪个更“常见”?

2. 为什么说股市里追涨杀跌是具有理性的决策，而非盲目追从?

3. 逢输加倍的策略适用于股市吗? 是可以修正后采用，还是完全不能用?

第 28 章　统计分析实验

【学习目标与要求】

1. 了解常见获取金融数据的方法；
2. 熟悉 MATLAB 常用统计命令；
3. 能够利用软件完成基本统计模型的构建.

本节主要包括两个部分，了解常见的获取经济金融数据的 WIND 平台，熟悉 MATLAB 常用统计命令，并能够据此建立统计模型.

28.1　通过 WIND 数据库获取金融数据

获取真实、有效、及时、充分的实际数据，这些准备工作是相关领域数学建模的重要前提. 获取金融数据的途径各式各样，研究者可以通过纸质媒介（各类统计年鉴等）进行总结，也可以通过互联网（雅虎金融、巨潮资讯网等）进行搜索，有条件的研究者还可以通过各式的数据库（国泰安、中经网统计数据库等）进行查找，目前金融从业者往往通过 Bloomberg 和 Wind 等金融终端进行数据的获取. 其中 Wind 的操作界面设计更加友好，且为中文操作环境，使用较为普遍.

金融数据是个宽泛的概念，不同的研究目的需要不同层面、不同种类的金融数据，在进行研究时需要明确自己所需金融数据的种类从而进行有效筛选. 粗略来说，按照数据层面的标准，我们可以将金融数据划分为宏观数据、行业数据、公司数据等；按照产品种类的标准，我们可以将金融数据划分为股票数据、债券数据、基金数据、商品数据、外汇产品数据等；按照数据类型的标准，我们可以将金融数据划分为财务数据、非财务数据等.

Wind 中的宏观与行业数据主要通过宏观行业浏览器（EDB）即可获得，操作过程为：宏观→经济数据库（页面截图见图 28－1）. 宏观行业数据浏览器涵盖了中国的宏观数据、中国的区域数据、行业经济数据和海外经济数据四组指标体系. 具体指标种类多达 20000 余项，涉及国民经济核算、工业、价格指数、对外贸易及投资、利率汇率、财政等宏观经济指标和农林牧渔、能源化工、钢铁、金融保险业等行业类型. 四个指标体系相互兼容，使得用户可以自由提取.

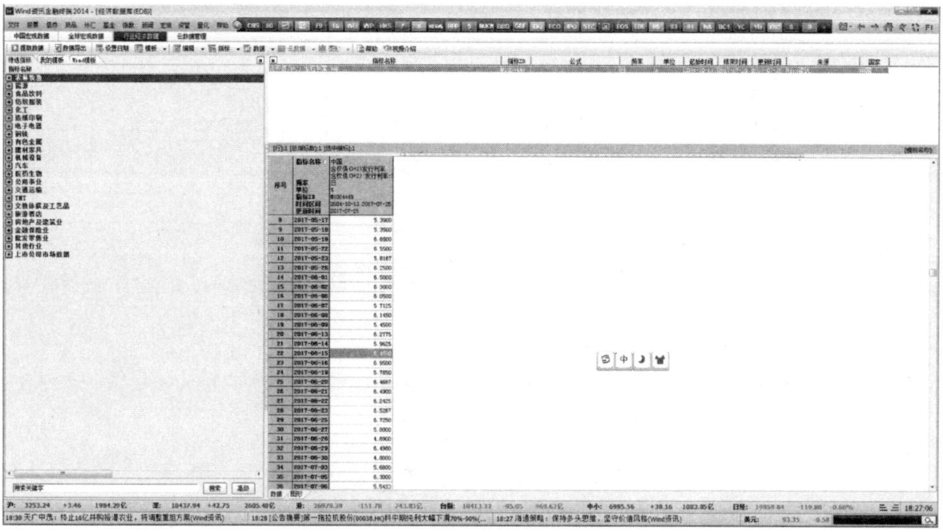

图 28－1　经济数据库（EDB）截图

宏观行业浏览器的数据较为权威，其中中国宏观经济指标数据来自国家统计局、中国人民银行、外汇管理局、中国证监会、中国保监会、证券交易所等机构；中国区域经济指标数据来自国家统计局、统计年鉴等；行业经济数据来自各行业协会、各专业行业网站、国外行业数据提供商等.

除了直接提取经济数据并保存到本地外，EDB 还提供了强大的指标数据计算功能；在提取数据的同时，能自动生成图形，支持图形多种自定义设置数据，且可将图形保存为模板方便下次直接查询.

深度资料是 Wind 金融终端实用频率较高的功能之一，操作过程为：输入相应的上市公司代码/债券代码/基金代码等进行搜索 - > F9. 深度资料提供沪深股票、港台股票、海外股票、债券、基金、商品、指数等品种的深度资讯. 提供单只股票上市前 3 年的财务数据及上市后的各类数据和资讯，如公司资料、重要股东、交易数据、财务分析、盈利预测、同业比较、重大事项和新闻公告等；提供债券公司公告、基本条款、证券资料、债务风险分析、相关证券、估值数据等信息；提供基金基本资料、业绩表现、业绩分析、基金规模、新闻公告、投资组合、财务数据、发行与分配、持有人结构、相关产品等资料. 图 28 - 2 是以平安银行为例，Wind 金融终端提供的深度资料示例截图.

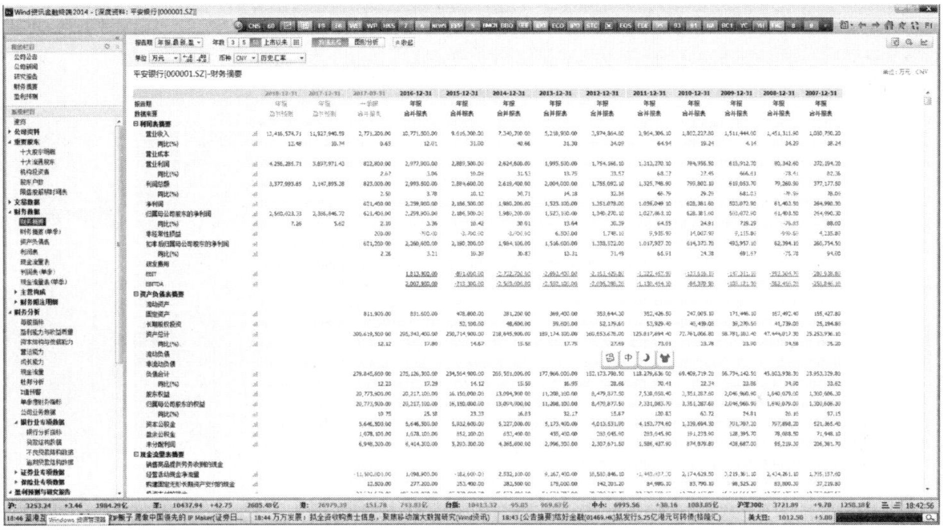

图 28 - 2　平安银行公司资料截图

对于金融市场中常见的金融品种如股票、债券、基金等，Wind 金融终端提供了一系列功能操作以按条件筛选和浏览这些金融品种的一级市场发行情况和二级市场交易情况，这些功能操作可应用于不同的金融品种，且随着各金融品种各自的特征而有些许不同. 这些功能操作主要包括数据浏览器、条件选股/债券筛选/基金筛选、专题统计等，操作过程分别为：股票/债券/基金→多维数据→数据浏览器或者条件选股/债券筛选/基金筛选，股票/债券/基金→专题统计.

数据浏览器的主体框架由“待选范围”“待选指标”“待选参数”三部分组成. “待选范围”即将不同的证券品种依据各自的特性及常见统计分类方法进行分类，包含国内证券市场上所有的证券. “待选指标”即表述证券属性或公司属性的原始数据和衍生数据，数据主要来源于上市公司公告、上证所、深交所、Wind 计算. “待选参数”即指标的计算规则、时间参数、显示单位等. 对于既定指标，单击右键“指标帮助”可以查看指标释义和算法，双击选中指标时，系统会自动弹出“参数及单位编辑器”，用户可以自定义指标属性．图 28－3 为股票数据浏览器示例截图．

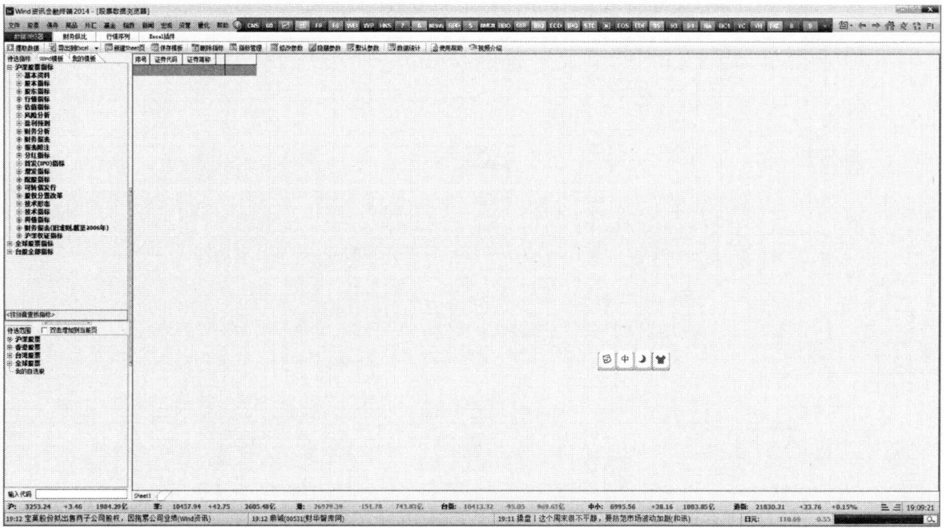

图 28－3　股票数据浏览器截图

条件选股/债券筛选/基金筛选是基于不同金融品种的搜索引擎，主体框架大体上由“待选范围”“待选指标”“待选参数”和“条件设置”四个板块组成．其中前三个板块的含义在上段已有介绍，区别之处在于这里设定的“待选范围”并不是最终的选中范围，最终的选中范围是通过对“待选指标”进行“条件设置”后筛选出符合条件的得出．图 28－4 为债券筛选示例截图．

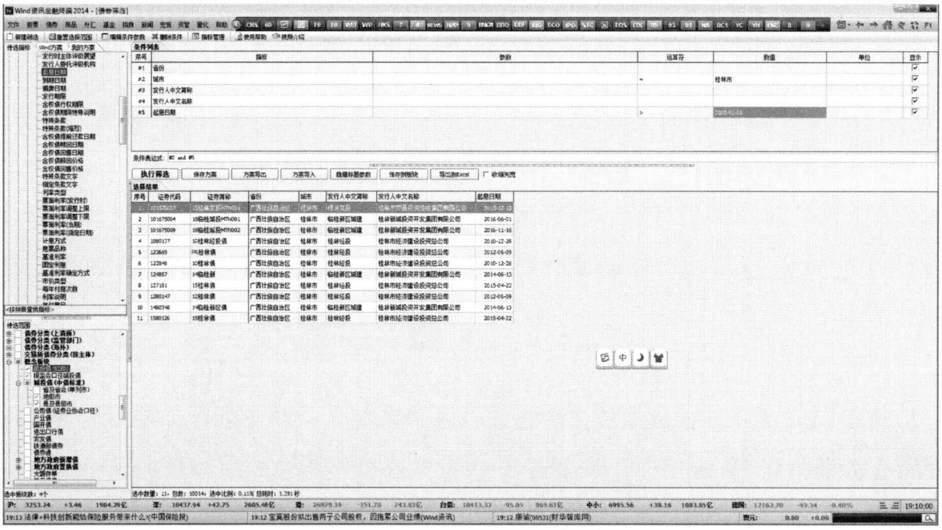

图 28－4　债券筛选截图

专题统计是对不同的金融品种基于其各自的特性进行的专题市场统计．具体来说，股票的专题统计分市场设置，其中最全面的是沪深股市专题统计，包括市场概况、一级市场、二级市场、公司研究、公司财务、并购重组、盈利预测、机构研究、权证统计等；债券的专题统计包括市场概况、一级市场、二级市场、信用债研究、可转债研究、公开市场操作、机构研究、海外债券；基金的专题统计包括市场概况、业绩评价、资产配置、基金公司、机构研究、托管专题．图 28－5 为基金专题统计示例截图．

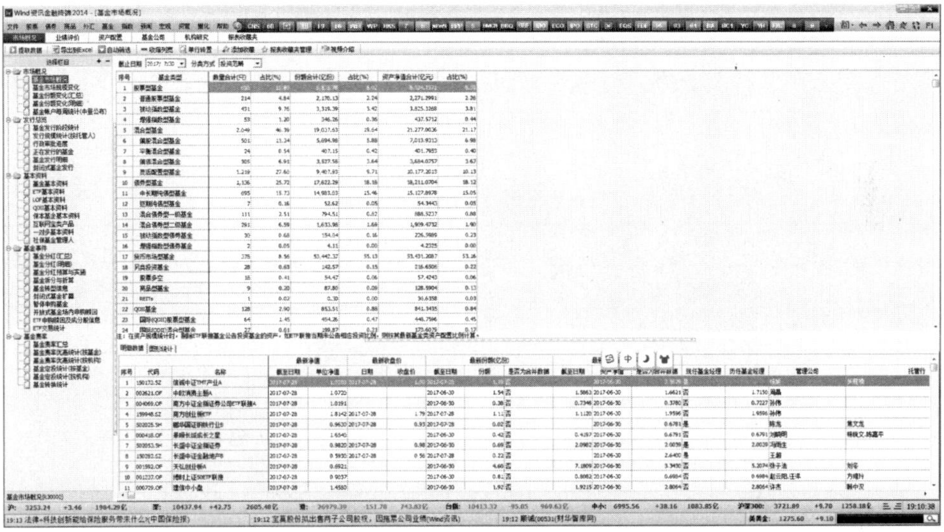

图 28－5　基金专题统计截图

此外，表 28－1 和表 28－2 分别展示了 Wind 金融终端功能简介和常用快捷键．

表 28－1　　Wind 金融终端功能简介

客户	500 多家金融机构客户，包含 90% 的国内基金公司、60% 的 QFII 机构、70% 的国内保险公司、60% 的国内证券公司
终端	超过 5000 位终端用户在线使用，基金经理、证券分析师、交易员等
新闻	覆盖 500 个信息源的每日滚动新闻
情报	每日跟踪 2000 多家上市公司、400 个行业信息网站、250 个财经媒体的动态情报
公告	拥有中国公司在上海、深圳、香港、纽约、纳斯达克、新加坡等全球各大交易所上市以来所有的公告
品种	股票、债券、基金、指数、权证、商品期货、外汇
资料	中国所有上市公司完整基本面资料（1988 年起）； 中国所有开放式、封闭式基金的完整资料（1992 年起）； 中国所有上市债券的完整资料（1993 年起）
宏观行业	覆盖国内外 40000 多项宏观与行业的指标

续表

行情	上海证券交易所、深圳证券交易所、香港联交所所有上市股票和海外上市的中国概念股，接近 4000 个股票行情报价； 上海证券交易所、深圳证券交易所、银行间债券市场所有交易债券，共超过 500 个债券的行情报价； 超过 200 只中国基金的行情报价
商品与外汇	上海期货交易所、大连商品交易所、郑州商品交易所、上海黄金交易所、伦敦商品交易所等市场的所有商品与期货交易品种 120 多个
盈利预测	国内超过 35 家证券研究机构提供的盈利预测与投资评级数据； 预测数据覆盖 1100 多家上市公司
研究报告	系统包含国内外研究机构提供的研究报告

资料来源：Wind 资讯金融终端介绍.

表 28－2　　Wind 金融终端常用快捷键

重要功能键			
F3/03	上证综合指数走势图	F8/08	历史走势图日、周、月、年切换
F4/04	上证综合指数走势图	F9/09	进入证券深度资料
F5/05	进入证券实时图与历史 K 线走势图	F10/10	进入证券基本资料
F6/06	自选股价报表	F11/11	进入证券研究报告
F7/07	进入板块管理、管理自定义板块		
行情板块			
1	股票综合屏	1	查看成交明细
601	全部 A 股报价	81	上证 A 股综合排名
602	全部 B 股报价	82	上证 B 股综合排名
603	全部封闭式基金报价	83	深证 A 股综合排名
61	上证 A 股报价表	84	深证 B 股综合排名
62	上证 B 股报价表	85	上证债券综合排名
63	深证 A 股报价表	86	深证债券综合排名
64	深证 B 股报价表	87	上海基金综合排名
65	上证债券报价表	88	深圳基金综合排名
66	深证债券报价表	89	中小企业版综合排名
67	上海基金报价表	02/F2	多股同列
68	深圳基金报价表	21	上证 A 股多股同列
69	深圳中小企业板报价表	22	上证 B 股多股同列
60	市场基准指数报价表	23	深证 A 股多股同列
70	开放式基金净值表现	24	深证 B 股多股同列
OTC	三板市场报价表	25	上证债券多股同列
HKQ	港股报价表	26	深证债券多股同列

续表

行情板块			
HKMQ	港股主板报价表	27	上证基金多股同列
HKGQ	港股创业报价表	28	深证基金多股同列
HKHQ	港股 H 股报价表	29	中小企业板多股同列
HKRQ	港股红筹股报价表		
系统相关			
0/HOME	回到首页	NEWS	进入财经新闻
F1	在线服务	CCMS	进入 DowJones 中国货币市场专线

资料来源：Wind 资讯金融终端介绍.

28.2 MATLAB 常见统计相关命令

（一）MATLAB 常见统计相关命令

一般统计命令见表 28－3.

表 28－3 MATLAB 常见统计相关命令

命令	功能
binofit	二项分布
poissfit	泊松分布
normfit	正态分布
unifit	均匀分布
expfit	指数分布
moment	矩估计（可用于区间估计）
mle	极大似然估计（可用于区间估计）
ztest	对已知方差的单个总体均值进行 Z 检验
ttest	对未知方差的单个总体均值进行 Z 检验
tttest2	对未知方差的两个正态总体均值进行 t 检验
vartest	在均值未知时对单个正态总体方差进行 x^2 检验
vartest2	两个正态总体均值未知时对方差的比较进行 F 检验

（二）方差分析命令

各组样本量相等时，方差分析的 MATLAB 命令为：p = anova1(X)，其中，X 为数据矩阵；p 为输出的 p 值.

各组样本量不等时，方差分析的 MATLAB 命令为：p = anova1(x,group)，其中，x 为将数据从第 1 组到第 k 组排列的行向量；group 为与 x 同长度的行向量，用来标记 x 中每个数据所对应的组别；p 为输出的 p 值.

如果自变量包含两个因素，则需要做双因素方差分析，且根据是否考虑两个因素间的交互作用可以分为无交互作用双因素方差分析和有交互作用双因素方差分析. 与单因素方差分析不同，双因素方差分析需要对两个因素分别提出假设，其总误差平方和（SST）可分解为行因素平方和（SSR）、列因素平方和（SSC）以及随机误差平方和（SSE）. 如果考虑交互作用，还需要对交互作用提出假设，并且在总误差平方和（SST）中分解出交互作用平方和（SSRC）. 双因素方差分析的统计量构造和统计决策与单因素方差分析类似. 其 MATLAB 命令为：p = anova2(X,reps)，其中，X 为数据矩阵，其不同列表示列因素的影响，不同行表示行因素的影响；reps 为默认值 1 时，做无交互作用双因素方差分析，输出两个 p 值；reps 为大于 1 的整数时，其取值表示每个行因素水平的样本量，同时做有交互作用双因素方差分析，输出三个 p 值.

（三）回归分析相关命令

MATLAB 回归分析的调用格式为：[b,bint,r,rint,stats] = regress(y,X)

其中 y 为因变量观测值，X 为自变量阵，b 和 bint 为系数估计值及其置信区间，r 和 rint 为残差及其置信区间，stats 为模型的 R^2、F 值及 F 检验的 p 值.

进一步，可以画残差图考察有无自相关和异方差问题以及是否存在异常值，其调用格式为：rcoplot(r,rint)

为检验多重共线性，可计算 X^TX 的条件数，其调用格式为：c = cond(X' * X)

若存在共线性问题，可采用逐步回归，其调用格式为：stepwise(X,y)
stepwise 是一个交换对话窗口，可以根据窗口提示，使用鼠标点击快速完成模型构建，并输出相关参数.

Logit 和 Probit 模型在 MATLAB 中的调用格式为：b = glmfit(X,y,'distr','link')
其中 b 为系数的估计值；X 为自变量阵；y 为分类型因变量；distr 为所用分布，默认 binomial，代表二项分布；link 为连接函数，默认 logit.

（四）判别分析相关命令

MATLAB 判别分析函数的调用格式为：

class = classify(sample,training,group)

其中，sample 为行向量，表示待分类样品；training 为与 sample 同列数的矩阵，表示已知的样本数据；group 为与 training 同行数的列向量，用来标记每行样本数据所对应的已分类组别；class 为输出的判别分析结果.

（五）主成分分析和因子分析的相关命令

主成分分析的 MATLAB 命令为：PC = princomp(X)

其中，X 为原始数据矩阵；PC 为主成分解.

因子分析的 MATLAB 命令为：[lambda,psi,T,stats,F] = factoran(X, m)

其中，X 为原始数据矩阵；m 为公共因子个数；lambda 为因子载荷矩阵；psi 为特殊因子的方差估计；T 为因子旋转矩阵；stats 为模型的统计指标；F 为因子得分矩阵.

（六）时间序列分析相关命令

对于给定的时间序列数据，MATLAB 有多种估计参数的方法与命令，一种较为通用的方法，可以使用的系数估计命令为 Estx = estimate(Order,x)，其中 x 为时间序列，Order 由命令 Order = arima(p,d,q)定义，是 ARIMA 模型回归的阶数，其中 p 和 q 分别代表自回归阶数和移动平均阶数，d 为差分阶数.

对于 AR(p)模型，也可以使用命令 a = lpc(x,p)得到估计系数，其中 p 为自回归阶数.

对于时间序列定阶问题，可以使用命令[aic,bic] = aicbic (logL,numParam, numObs)，其中 logL 为对数似然函数值，可以通过命令[Estx, numParam, logL] = estimate(Order,x)给出；numParam 为估计参数的数目；numObs 为样本观测数. 可以通过设置循环命令的方式，计算不同阶下的 AIC 与 BIC 信息准则值，选取最小的对应的阶数为时间序列回归阶数.

对于回归后残差项的白噪声检验，可以使用如下命令[h,pValue] = lbqtest(res)，其中

res 为等待检验的序列，例如拟合后的误差项．返回值中，h 为逻辑值 0 或 1，对于时间序列不存在自相关的原假设，1 表示拒绝原价设，0 表示未能拒绝原假设；p-value 返回 LBQ 检验的 p 值．

（七）常用的统计作图命令

MATLAB 提供了一些常见作图命令用于将统计结果可视化呈现，参见表 28－4.

表 28－4　　MATLAB 常用统计作图命令

命令	功能
stem	离散数据绘制散点平面图，常见类型有离散序列图、折线图、茎图等
plot	根据离散个点绘制平面连续图象，可以改变点的线形、色彩、点型等
stairs	阶梯图
line	折线图
fill	实心图
scatter	散点图
pie	饼图
contour	等高线图

【练习 28.1】

请利用 WIND 搜索相关的经济金融数据，建立合理的统计模型。

1. 国民生产总值受到诸多因素的影响，请选择你认为能够影响国民生产总值的宏观指标，并根据我国 2000—2020 年的相关经济数据，定量分析国民生产总值的影响因素。并具体说明，如果你认为不同年份的数据是独立的，或认为数据是不独立的，结果会有什么不同．

2. 2019—2021 年，市场上出现了将股票分为“核心资产”和“非核心资产”的投资观点。如果把贵州茅台、五粮液、片仔癀、招商银行、格力电器、中国神华、万科 A、宁德时代、中国中免、海天味业共十只股票视作核心资产，中炬高新、景嘉微、首旅酒店、隆平高科、同花顺、晋控煤业、永辉超市、酒鬼酒、金地集团、宝信软件、深南电路共十一只股票视作非核心资产，请自选指标判断中兴通讯（000063. SZ）是否属于核心资产。可以进一步思考，如果没有预先划分核心和非核心，而直接将这 22 只股票一并给出再分类，结果可能会有什么不同．

3. 选取资产负债率、流动比率、总资产周转率、研发费用率、销售净利率、净资产收益率、营收增长率等多个指标对沪深 300 指数成分股的经营状况进行评价，请使用因子分析的方法对评价指标进行综合，并给出沪深 300 指数成分股经营状况的排名.

4. 请对贵州茅台（600519. SH）在 2021/1/1 至 2021/12/31 期间的收盘价数据进行建模，并预测接下来 5 天的收盘价数据。

参考文献

1. 蔡志杰，姜启源，吴孟达，等 . UMAP 数学建模案例精选（3）［M］. 北京：高等教育出版社，2018.

2. 董保民，王运通，郭桂霞 . 合作博弈论［M］. 北京：中国市场出版社，2008.

3. 高惠璇 . 应用多元统计分析［M］. 北京：北京大学出版社，2005.

4. 韩中庚，陆宜清，周素静 . 数学建模实用教程［M］. 北京：高等教育出版社，2012.

5. 韩中庚 . 数学建模方法及其应用（第二版）［M］. 北京：高等教育出版社，2009.

6. 韩中庚 . 数学建模方法及其应用（第三版）［M］. 北京，高等教育出版社，2017.

7. 姜礼尚 . 期权定价的数学模型和方法［M］. 北京：高等教育出版社，2008.

8. 姜启源，谢金星，叶俊 . 数学模型（第五版）［M］. 北京：高等教育出版社，2018.

9. 姜启源，谢金星，叶俊 . 数学模型（第五版）习题参考解答［M］. 北京：高等教育出版社，2018.

10. 姜启源，谢金星 . 实用数学建模——基础篇［M］. 北京：高等教育出版社，2014.

11. 姜启源，谢金星 . 实用数学建模——提高篇［M］. 北京：高等教育出版社，2014.

12. 姜启源，邢文训，谢金星，等 . 大学数学实验（第二版）［M］. 北京：清华大学出版社，2005.

13. 姜启源，叶其孝，谭永基，等 . UMAP 数学建模案例精选（1）［M］. 北京：高等教育出版社，2015.

14. 姜启源，叶其孝，谭永基，等 . UMAP 数学建模案例精选（2）［M］. 北京：高等教育出版社，2015.

15. 茆诗松，王静龙，濮晓龙 . 高等数理统计［M］. 北京：高等教育出版社，2006.

16. 史树中 . 金融中的数学［M］. 北京：高等教育出版社，2006.

17. 司守奎，孙玺菁，王兴平，等 . 方程建模与 MATLAB 软件［M］. 北京：清华大学出版社，2016.

18. 司守奎，孙兆亮 . 数学建模算法与应用（第 2 版）［M］. 北京：国防工业出版社，2020.

19. 司守奎，孙兆亮．数学建模算法与应用（第二版）［M］．北京：国防工业出版社，2015.

20. 宋斌，井帅，林木，等．期权与期货［M］．北京：中国人民大学出版社，2021.

21. 宋斌．期权定价实验教程［M］．北京：高等教育出版社，2006.

22. 孙山泽．非参数统计讲义［M］．北京：北京大学出版社，2000.

23. 谭永基，蔡志杰．数学模型（第三版）［M］．上海：复旦大学出版社，2019.

24. 谭忠．数学建模——问题、方法与案例分析（基础篇）［M］．北京：高等教育出版社，2018.

25. 王燕．时间序列分析——基于 R（第二版）［M］．北京：中国人民大学出版社，2020.

26. 吴孟达，成礼智，吴翊，等．数学建模教程［M］．北京：高等教育出版社，2011.

27. 吴孟达，等．ILAP 数学建模案例精选［M］．北京：高等教育出版社，2016.

28. 薛毅．数学建模基础（第二版）［M］．北京：科学出版社，2011.

29. 袁新生，邵大宏，郁时炼．LINGO 和 Excel 在数学建模中的应用［M］．北京：科学出版社，2007.

30. 张定胜．高级微观经济学［M］．武汉：武汉大学出版社，2005.

31. 张锦炎．常微分方程几何理论与分支问题［M］．北京：北京大学出版社，2000.

32. 张芷芬，丁同仁，黄文灶，董镇喜．微分方程定性理论［M］．北京：科学出版社，2016.

33. 张志涌，杨祖樱．MATLAB 教程（R2018a）［M］．北京：北京航空航天大学出版社，2018.

34. 赵静，但琦．数学建模与数学实验（第 5 版）［M］．北京：高等教育出版社，2020.

35. 卓金武，王鸿钧．MATLAB 数学建模方法与实践（第 3 版）［M］．北京：北京航空航天大学出版社，2018.

36. Giordano，F R，Fox，W P，Horton，S B. 数学建模（第 5 版）［A First Course in Mathematical Modeling（5th Edition）］［M］．叶其孝，姜启源，等，译，北京：机械工业出版社，2014.

37. Meerschaert，M M. 数学建模方法与分析（第 4 版）［Mathematical Modeling（4th Edition）］［M］．刘来福，黄海洋，杨淳，译．北京：机械工业出版社，2015.

38. Angrist，J D，Pischke，J S. Mastering' Metrics：The Path from Cause to Effect［M］. Princeton：Princeton University Press，2014.

39. Barro, R J, Sala-i-Martin, X I. Economic Growth [M]. Cambridge: MIT Press, 2003.

40. Bodie, Z. Investments [M]. NY: McGraw - Hill Education, 2018.

41. Mankiw, N G. Principles of Macroeconomics 6th edition [J]. Mason: South - Western Cangage Learning, 2012.

42. Romer, D. Advanced macroeconomics [M]. NY: McGraw - Hill Education, 2002.

43. Stock, J H, Watson, M W. Introduction to Econometrics [M]. Boston: Addison Wesley, 2003.

44. Varian, H R. Microeconomic Analysis [M]. London: WW Norton, 1992.